भारत में विज्ञान
और
नवजागरणकालीन विज्ञान संचारक

डॉ. राकेश कुमार दूबे

Pustak Bharati
Toronto, Canada

Author : डॉ. राकेश कुमार दूबे (M.A., NET, Ph. D.)

Book Title : भारत में विज्ञान और नवजागरणकालीन विज्ञान संचारक

यह पुस्तक भारत में यूरोपिय विज्ञान के आगमन एवं भारतीय लेखकों एवं संस्थाओं के विज्ञान के प्रति दृष्टिकोण पर प्रकाश डालती है। नवजागरणकालीन विज्ञान संचारकों हिंदी पत्रकारिता के दृष्टिकोण को प्रस्तुत करती है। यूरोप में विज्ञान एवं प्रौद्योगिकी की आशातीत उन्नति एवं अंग्रेजों की भारत विजय एवं साम्राज्य के सुदृढ़ीकरण में भी विज्ञान की महत्वपूर्ण भूमिका के कारण अंग्रेज इसकी महत्ता को समझ चुके थे, इसी कारण वे इसे भारत में आने देना नहीं चाहते थे। इसके विपरीत, पाश्चात्य संस्कृति के संपर्क के साथ ही भारत का बुद्धिजीवी वर्ग विज्ञान की महत्ता समझ चुका था। 19वीं सदी से ही विज्ञान के उन्नायकों ने विज्ञान के महत्व को समझा, आत्मसात किया और उसे जनता तक जनता की भाषा में संचारित करने का प्रयास किया। विदेशी शासन की विज्ञान के क्षेत्र में स्थापित रंगभेद नीति का विरोध करते हुए इस बात को बल प्रदान किया कि सब उन्नतियों का मूल विज्ञान है और भारत के लोगों को भी इसे अपनाने में कोई परहेज नहीं होना चाहिए।

Published by :
Pustak Bharati (Books-India)
Toronto, Ontario, Canada, M2R 3E4
email : pustak.bharati.canada@gmail.com
Web : www.books-india.com

Copyright ©2020
ISBN : 978-1-897416-34-1

© All rights reserved. No part of this book may be copied, reproduced or utilised in any manner or by any means, computerised, e-mail, scanning, photocopying or by recording in any information storage and retrieval system, without the permission in writing from the author.

अनुक्रम

प्रस्तावना	i
1. आधुनिक भारत में विज्ञान	1
2. विज्ञान के अग्रणी उन्नायक शासक : महाराजा रामसिंह द्वितीय	8
3. प्रथम भारतीय महिला विज्ञान संचारक : स्वर्णकुमारी देवी	16
4. विज्ञान संचारकों की प्रेरणास्रोत : आनंदीबाई जोशी	22
5. हिंदी में विज्ञान लेखन की प्रगति एवं उसका स्वरूप	29
6. विज्ञान संचार में हिंदी सेवी संस्थाओं की भूमिका	34
7. वैज्ञानिक साहित्य के प्रसारक : मुंशी नवलकिशोर	39
8. नवजारणकालीन विज्ञान के उन्नायक : पं० लक्ष्मीशंकर मिश्र	45
9. व्यावसायिक विज्ञान के प्रणेता : बाबू ठाकुरप्रसाद	52
10. विज्ञान संचारक : बाबू कार्तिकप्रसाद खत्री	59
11. व्यवहारिक विज्ञान के प्रचारक : पं० गंगाशंकर पंचौली	65
12. रसायन विज्ञान के विस्मृत उन्नायक : बाबू लक्ष्मीचंद	73
13. हिंदी वैज्ञानिक साहित्य के उन्नायक : बाबू श्यामसुंदरदास	79
लेखक–परिचय	85

प्रस्तावना

यूरोपिय जातियां भारत के साथ व्यापार करने एवं भारतीय वस्तुओं को प्राप्त करने के उद्‌देश्य से भारत की ओर अग्रसर हुईं। 1453ई0 में कुस्तुनतुनियां पर तुर्कों का अधिकार हो जाने एवं यूरोप के लोगों का भारत इत्यादि एशियाई देशों में जाने का मार्ग अवरुद्ध हो जाने के कारण उन्हें नये मार्ग तलाशने की नितांत आवश्यकता आ पड़ी और उसी के फलस्वरूप यूरोप में भौगोलिक अन्वेषण का कार्य तीव्र गति से होने लगा। इस दौड़ में पुर्तगाल, हालैंड एवं स्पेन के देश अग्रणी रहे, परंतु 1588ई0 की आर्मडा की लड़ाई के बाद समुद्र पर इंग्लैंड का नियंत्रण स्थापित हुआ, जो कि द्वितीय विश्व युद्ध के बाद ही समाप्त हो सका।

भारत आने वाली यूरोपिय जातियों में से अंग्रेज भारत पर अपना राजनीतिक नियंत्रण स्थापित करने में सफल रहे। भारत में नैतिक–अनैतिक साधनों द्वारा विजय प्राप्त करने एवं लूट–खसोट के कारण जो धन इंग्लैंड पहुॅचा, उसी के फलस्वरूप वहां व्यवसायिक क्रांति हो सकी और उसी के बल पर इंग्लैंड न केवल यूरोप बल्कि संसार का समुन्नत राष्ट्र बन गया।

19वीं सदी में भारत में अंग्रेजी सत्ता कायम होने के साथ ही अपने शासन को जनाधार प्रदान करने के उद्‌देश्य से विदेशी लेखकों द्वारा भारत के संबंध में बहुत सी गलत और मनगढ़ंत बातों को लिखना और प्रचारित करना आरंभ किया। 19वीं सदी के अंग्रेज लेखकों का यह तकिया कलाम सा हो गया था कि अंग्रेजों को भारत की भलाई के लिए भगवान ने भेजा है क्योंकि उन्होंने ही इस देश को अराजकता एवं लूटमार से उद्धार किया है। विदेशी लेखकों ने इस बात को प्रचारित किया कि भारत प्राचीनकाल से ही एक कृषि प्रधान देश रहा है और भारत की जो अवस्था आज है, वहीं प्राचीनकाल से रही है। ज्ञान विज्ञान और ललित कलाओं के विकास में प्राचीन भारतवासियों का योगदान नगण्य रहा है।

भारत में पहले ईस्ट इंडिया कंपनी और फिर ब्रिटिश सत्ता के संपूर्ण काल में यही प्रचारित किया गया कि विज्ञान के क्षेत्र में संपूर्ण योगदान पश्चिम का है और पश्चिम से ही इसका प्रसरण अन्य देशों को हुआ है। पाश्चात्य देशों ने विज्ञान का संपूर्ण प्रारंभिक ज्ञान यूनानी सभ्यता से प्राप्त किया था अतः उन्होंने यूनान को ही विज्ञान के सूत्रपात का संपूर्ण श्रेय दिया और भारतीय योगदान की सर्वथा उपेक्षा की। यदि प्राचीन भारतवासियों ने विज्ञान के क्षेत्र में कुछ योगदान दिया भी था तो उसे भी यूनानी विज्ञान से प्रभावित ही बताया गया और इस मत को पुष्ट किया गया कि सुकरात और अरस्तु से पूर्व संसार के किसी भी देश में विज्ञान था ही नहीं। विभिन्न ग्रंथों में भारत के अध्यात्म, धर्म, दर्शन और साहित्य के क्षेत्र में योगदान को तो अंकित किया गया पर विज्ञान के क्षेत्र में उसके योगदान को न के बराबर

महत्व देकर भारतीयों को अपने गौरवशाली अतीत एवं तत्कालीन वैज्ञानिक उपलब्धियों के ज्ञान से वंचित रखने का कार्य किया गया।

यूरोप में औद्योगिक क्रांति के बाद जिस प्रकार उद्योग–धंधों एवं साथ ही उपनिवेशों का विस्तार होता गया और इस समस्त प्रक्रिया में विज्ञान एवं तकनीकी जिस प्रकार सहायक सिद्ध हो रही थी, तभीं से ही यूरोपिय देशों में विज्ञान के महत्व को समझने के प्रयत्न आरंभ हुए। यूरोपिय लोग विज्ञान के चमत्कार को यूरोप में देख चुके थे और इस बात को जान चुके थे कि उनकी समस्त उन्नतियों का मूल विज्ञान एवं तकनीकी ही है, इसलिए वे किसी भी कीमत पर उसे उपनिवेशों में नहीं आने देना चाहते थे। स्वयं अंग्रेजों ने भी भारत पर नियंत्रण स्थापित होने पर विज्ञान के संदर्भ में यही नीति अपनायी। ब्रिटिश साम्राज्य धाक पर आधारित था जिसकी निरंतरता कहीं ज्यादा इस बात पर निर्भर थी कि वह प्रजाजन के बीच से अपने पक्ष में कितना अधीनता भाव और सहमति अर्जित कर सकता था। इस प्रयोजन में इतिहास–लेखन और एक खास विज्ञान नीति प्रमुख हथियार थी। अंग्रेजों ने उपनिवेशीकरण और नियंत्रण के एक बहुत प्रभावशाली औजार के रुप में विज्ञान का प्रयोग किया इसीलिए ब्रिटिश शासन ने हमेशा पूर्वी 'पारलौकिकता' को दोष दिया और भारत में वैज्ञानिक ज्ञान को हतोत्साहित किया।

19वीं शताब्दी में, जिसे आधुनिक वैज्ञानिक युग की पहली शताब्दी कहा जाता है, जब संसार के अनेक देश ज्ञान–विज्ञान में उन्नति कर रहे थे, उस समय हमारा देश अंग्रेजों द्वारा दलित रहा। अंग्रेजों ने उपनिवेशीकरण और नियंत्रण के एक बहुत प्रभावशाली औजार के रुप में विज्ञान का प्रयोग किया। स्वयं लार्ड मैकाले ने भारत में पश्चिमी विज्ञान के बजाय अंग्रेजी भाषा, साहित्य और कानून की ही शिक्षा पर जोर दिया।

जब भारत के लोग पराजित होकर पराधीन हो गये तब उनकी दशा और भी खराब होने लगी। सारे संसार में यूरोपिय जातियों की यह पुकार मच गई कि भारतीयों की जातिभेद की प्रथा, मूर्ति पूजा, शिल्प कला, स्त्रियों के विषय में भारतीयों का भाव, सारांश भारतीयों का जो कुछ है वह सब अत्यंत मूर्खता का, त्याज्य, बेकाम और असभ्य है। यूरोपिय पादरियों के ग्रंथों और व्याख्यानों से तो यह राय और भी बढ़ गई। पश्चिमी दुनिया के लोग कहने लगे कि भारतीयों में सभ्यता का नाम निशान भी नहीं है।

परंतु 19वीं सदी में, परतंत्र रहते हुए भी, भारत वैज्ञानिक ज्ञान को ग्रहण करने में पीछे

नहीं रहा। 19वीं शताब्दी के भारतीय जीवन में प्रेस, बारूद, कम्पास और दूरबीन आदि ने तो अपना प्रभाव दिखाया ही, साथ ही कोपरनिकस, बेकन, मोर्ले, मिल तथा अन्य यूरोपिय विद्वानों के विचारों ने भारतीय मध्ययुगीन जीवन की जड़ हिला दिया। 19वीं सदी के उत्तरार्द्ध में शोध द्वारा उद्घाटित ऐतिहासिक तथ्यों का प्रयोग राजनीतिक एवं सामाजिक उद्देश्यों हेतु किया गया फलस्वरुप भारतीयों ने यह अनुभव किया कि वे किसी भी प्रकार और किसी भी क्षेत्र में अपने शासकों से हीन नहीं हैं। इस पुनरुत्थानवादी प्रतिक्रिया स्वरूप विज्ञान के क्षेत्र में भी सरकार की रंगभेग नीति का विरोध आरंभ हुआ और महेंन्द्रलाल सरकार, प्रमथनाथ बोस, जगदीश चंद्र बोस, प्रफुल्ल चंद्र राय और पं0 श्रीकृष्ण जोशी सदृश लोग इस शृखला की महत्वपूर्ण कडियां थे।

पाश्चात्य ज्ञान–विज्ञान एवं विचारों का प्रारंभिक प्रभाव बंगाल में दिखा और इसके अगुवा बने राजा राममोहन राय। राममोहन राय के बाद बंगाल में बड़ी संख्या में प्रतिभाशाली विद्रोही उत्पन्न हुए जिन्होंने राजनीति, समाज सुधार, पत्रकारिता के साथ ही साथ ज्ञान–विज्ञान के क्षेत्र में व्यक्तिगत एवं संस्थागत रुप से महत्वपूर्ण प्रयास किया। बंगाल के अलावा महाराष्ट्र में भी विज्ञान को महत्व मिला और इस क्षेत्र में लेखन और अनुवाद कार्य किया गया।

नवजागरणकाल में भारत के कई व्यक्तियों ने विज्ञान के उन्नयन एवं संचार में महत्वपूर्ण भूमिका निभाई थी और उनके बारे में खूब लिखा भी गया पर राजस्थान के महाराजा रामसिंह द्वितीय, स्वर्णमुमारी देवी और डॉ0 आनंदीबाई जोशी को जो मान एवं प्रसिद्धि मिलनी चाहिए थी, वह नहीं मिली। पुस्तक के तीन अध्यायों में इन पर प्रकाश डालने का प्रयास किया गया है।

उत्तर भारत में नवजागरण का आरंभ भारतेंदु हरिश्चंद्र जी से माना जाता है, परंतु इस क्षेत्र में हिंदी सेवी संस्थाओं की भी बहुत ही महत्वपूर्ण भूमिका थी। हिंदी में विज्ञान–लेखन के क्षेत्र में तो यह जागृति भारतेंदु जी से काफी समय पूर्व ही आ गयी थी और तभीं यह पाया गया कि हिंदी में विज्ञान लेखन 1840ई0 से ही शुरु हो गया था। हिंदी लेखकों एवं संस्थाओं ने हिंदी में विज्ञान के प्रचार–प्रसार का शुरुआती दौर में बहुत ही सराहनीय कार्य किया।

उत्तर भारत में हिंदी में वैज्ञानिक साहित्य के सृजन एवं संचार का जो कम आरंभ हुआ उसमें कई समर्थ लेखकों ने विविध माध्यमों द्वारा अपना विशिष्ट योगदान दिया। मुंशी नवलकिशोर से लेकर बाबू श्यामसुंदरदास जैसे लोग इस श्रेणी में देखे जा सकते हैं।

इस ग्रंथ में संदर्भ नहीं दिये गये हैं, फिर भी जो जानकारियां दी गयी हैं वे अध्ययन एवं साक्ष्यों के आधार पर दी गयी हैं, जिनकी जॉच की जा सकजी है।

इस ग्रंथ के प्रणयन में जिन पुस्तकों का अध्ययन किया है अथवा जिन विद्वानों की पुस्तकों के संदर्भ उद्धृत किये हैं, उन सबका आभारी हूॅ। आदरणीय प्रो0 रत्नाकर नराले जी ने अपने प्रकाशन से इस ग्रंथ को प्रकाशित करने का बीड़ा उठाया, इसके लिए उन्हें हृदय से आभार ज्ञापित करता हूॅ। अत्यधिक अल्प समय में लिखी जाने के कारण इस ग्रंथ में त्रुटियों का रह जाना भी संभव है। साहित्य–साधना में रत विद्वानों एवं विज्ञान के अध्ययन में दिलचस्पी रखने वाले लोगों के संमुख एक विनम्र प्रयास है और आशा है यह छोटी सी पुस्तक लोगों को पसंद आयेगी।

शुभम् भवतु,

नेहियां, वाराणसी
चैत्र शुक्ल नवमी, सं. 2077 वि.

डॉ. राकेश कुमार दूबे
सह संपादक, पुस्तक भारती पत्रिका

1. आधुनिक भारत में विज्ञान

आधुनिक भारतीय इतिहास में विज्ञान की महत्वपूर्ण भूमिका रही है। यहां विज्ञान से तात्पर्य पश्चिमी विज्ञान से है। भारत में ब्रिटिश सत्ता की स्थापना, विस्तार एवं उसे स्थायित्व प्रदान करने में विज्ञान का योगदान बहुत ही महत्वपूर्ण था। यूरोपिय नवजागरण के फलस्वरूप भौगोलिक अन्वेषण एवं विज्ञान और प्रौद्योगिकी की उन्नति के कारण यूरोप के देशों का विस्तार तीव्रता से हुआ। इंग्लैंड की एक व्यापारिक कंपनी भारत पर अपना राजनीतिक नियंत्रण स्थापित करने में सफल हो गयी। इस राजनीतिक नियंत्रण का प्रयोग भारत के आर्थिक दोहन और भारतवासियों को काबू में करने के लिए किया गया। इस कार्य में विज्ञान एवं तकनीकी भी एक प्रमुख औजार थी, इसलिए इस क्षेत्र में अंग्रेजी शासन द्वारा हमेशा ही 'रंगभेद नीति' को अपनाया गया। विज्ञान के बल पर पश्चिमी जातियों को राष्ट्रोन्नति में जो सहयोग तिला था, वे उससे भलीभॉति परिचित थे, इसलिए वे उसे किसी भी कीमत पर भारत आने देना नहीं चाहते थे।

15वीं सदी के मध्य के आसपास एक ऐसी घटना घटी जिसके प्रभाव अत्यंत दूरगामी हुए और जिसने पूरे विश्व के इतिहास को प्रभावित किया। इस घटना के बाद जो प्रभुता, संपन्नता और शिष्टता एशियाई देशों को प्राप्त थीं, वह सब धीरे–धीरे यूरोप के देशों के पास चली गयीं और फिर पूरे विश्व पर यूरोप की प्रभुता स्थापित हो गयी जो लगभग चार सदी तक बनी रही और आज भी काफी हद तक स्वेत जातियों की सत्ता किसी न किसी रूप में विश्व के अनेक देशों में कायम है। भारत में जो यूरोपिय जातियां व्यापारिक उद्देश्य से आयीं, उन्हीं में से एक अंग्रेज जाति अपनी कुटिल और धूर्त नीतियों के चलते धीरे–धीरे भारत में अपना नियंत्रण स्थापित करने में सफल हो गयी और इस देश के इतिहास को नया मोड़ दिया। भारत में यूरोपिय जातियों के आगमन एवं अंग्रेजों द्वारा अपनी सत्ता स्थापित करने तथा इस देश पर नियंत्रण रखने के लिए विज्ञान एवं तकनीकी का एक औजार के रूप में इस्तेमाल करने का इतिहास जानना बहुत ही आवश्यक हो जाता है।

अरब में इस्लाम के उदय और उसके तीव्र प्रसार के फलस्वरुप तुर्कों एवं ईसाईयों में संघर्ष आरंभ हुआ जो कई सदियों तक चलता रहा। इसी पृष्ठभूमि में तुर्क राजा मोहम्मद ने 1453ई0 में कुस्तुनतुनियां नगर को अधिकृत करके तुर्क राज्य स्थापित किया। कुस्तुनतुनियां पर तुर्कों द्वारा अधिकार कर लेने के कारण यूरोप का स्थल मार्ग से भारत से संपर्क टूट गया। वेनिस, जिनेवा इत्यादि नगरों में भारतीय वाणिज्य की वस्तुओं के जाने का द्वार एकदम

बंद हो गया। इस कारण वे समृद्धिशाली नगर उजाड़ दशा को पहुंच चले। उसी समय से भारतवर्ष में वाणिज्यार्थ आने को यूरोप के व्यवसायी लोग ललचाने लगे। इस घटना के साथ ही यूरोप में एक नए युग का संचार हुआ। यूनानी सभ्यता और साहित्य के द्वारा अज्ञान में डूबे यूरोप को तुर्कों ने आलोकित करके उसकी वर्तमान उन्नति और ऐश्वर्य के लिए एक सुगम मार्ग बना दिया, जिसका फल यह हुआ कि यूरोप ज्ञान और उन्नति के मैदान में तेजी के साथ दौड़ पड़ा और वहां पर सभ्यता के साथ–साथ वाणिज्य में भी उन्नति होने लगी।

पुर्तगाल देश पश्चिमी यूरोप के इस नवीन युग का प्रवर्तक हुआ। इस छोटे देश ने सारे यूरोप की आंखें खोल दी। आंखे खुलते ही यूरोप की विशाल लोलुप दृष्टि सर्वप्रथम भारत पर आ पड़ी। इसी लोलुप दृष्टि से यूरोप में वर्तमान उन्नति और उसके वैभव के लिए एक बहुत बड़ी सुदृढ़ दीवार खड़ी कर दी। यही जागृति ही यूरोप में पुनर्जागरण के नाम से जानी गयी और इसके बाद यूरोप की कायापलट ही हो गयी। तुर्क राज्य के स्थापित होने के दिन ही से भूमध्य सागर की जगह अब अटलांटिक महासागर वाणिज्य और अन्य सभ्यता का प्रधान केंद्र स्थल हो गया। यूरोप की दक्षिणी सीमा से लेकर उसके पश्चिमी किनारे तक सभ्यता और उन्नति की वेगवती धारा प्रवाहित होने लगी और पश्चिमी यूरोप नवीन उत्साह और स्फूर्ति के साथ वाणिज्य की उन्नति में अग्रसर हुआ।

पुनर्जागरण के फलस्वरुप यूरोप के निवासियों में नए देशों को खोजने की उमंग 15वीं शताब्दी में ही पैदा हो गई थी। अगली शताब्दी में वहां ज्ञान विज्ञान संबंधी अन्वेषण आरंभ हुए। यूरोपिय नाविक अब उसी भांति अपने विशेष उद्देश्यों को लेकर ज्ञात और अज्ञात जगत् की ओर बढ़े जिस प्रकार शताब्दियों पहले हमारे पूर्वज 'चरैवेति' भावनाओं को लेकर बहिर्देशों की ओर निकल पड़े थे, या जिस भांति अरब के लोग खिलाफत का पैगाम लेकर अरब से बाहर चल पड़े थे। भौगोलिक अन्वेषण के कार्य में यूरोपिय नाविकों को अतिशय सफलता मिली और उन लोगों ने अमेरिका, अफ्रीका और एशिया के कितने ही देशों को खोज निकाला। इन अन्वेषणों में कुतुबनुमा, बारुद, तथा छपाई की कला विशेष सहायक सिद्ध हुई।

भारतीय परिप्रेक्ष्य में ज्ञान–विज्ञान की उन्नति गुप्तकाल तक परिलक्षित होती है और इसके बाद उसका अवरोध दृष्टिगोचर होता है। फिर भी, यूरोपिय नवजागरण के पूर्व विज्ञान के क्षेत्र में पूर्व का ही योगदान था लेकिन नवजागरण के बाद 16वीं सदी से लेकर 20वीं सदी तक सारा वैज्ञानिक ज्ञान पश्चिमी जगत में ही विकसित होता रहा। 'यूरोपिय रेनेसॉ' के समानांतर भारत में मुगल मराठा काल में भारतीयों ने अपनीं पुरानी योग्यता और

कला–कौशल बनाये रक्खी। परन्तु फिर भी, इस युग में ज्ञान–जागृति का अभाव दिखायी देता है। अकबर, शाहजहॉ, औरंगज़ेब, शिवाजी, बाजीराव जैसे हमारे योग्य शासक बराबर यह देखते रहे कि पश्चिमी जातियां ज्ञान–विज्ञान में उन्नति कर विविध कला–कौशल में हमसे आगे निकलती जा रहीं हैं; तो भी सवाई जयसिंह और रघुनाथ राव जैसे कुछ लोगों को छोड़कर उनमें से किसी को भी यह न सूझा कि पश्चिम के उस ज्ञान को प्राप्त कर लें। 'रेनेसॉ' के फलस्वरुप, तार्किकता एवं अनुसंधानों के कारण यूरोप में ज्ञान–विज्ञान, शक्ति और संस्कारों की वृद्धि होती गयी और उसी परिमाण में भारत के ये गुण कम होते गये।

भारत में जब मुगल शासन कर रहे थे, उसी काल में यूरोपवालों के वैज्ञानिक अनुसंधानों से संसार में एक नया युग ही उपस्थित हो गया। इस काल में यूरोप में व्यवसायिक क्षेत्र में बड़ी तेजी से उन्नति होने लगी। इसी काल में इंग्लैंड तेजी से आधुनिकता की ओर अग्रसर हुआ। अभ्युदय चाहे जिस किसी का हो, सहज में नहीं होता। सूर्य को रात्रि का तिमिर दूर करके निकलने में थोड़ा कष्ट और परिश्रम उठाना ही पड़ता है। यहीं इंग्लैंड के साथ भी हुआ। पुनर्जागरण के फलस्वरुप अंधकार युग से निकलने के बाद 1550 से 1700ई0 के बीच का काल अंग्रेजी इतिहास का सबसे प्रसिद्ध काल था। इसी कालखंड में महाकवि शेक्सपियर और मिल्टन; विख्यात् विज्ञानी बेकन और विज्ञान के जन्मदाता न्यूटन हुए। न्यूटन के अतिरिक्त विलकिंस, गिल्बर्ट, हार्वे आदि ने विज्ञान की जड़ जमाई। 1550 से पहले अंग्रेजी लेखकों के मुख्य तीन विषय थे–काव्य, धर्म और इतिहास और अब तीन विषय और हो गए–नाटक, राजनीति और विज्ञान। विज्ञान के अध्ययन में इंगलेंड के विज्ञानविदों को बड़ी बड़ी कठिनाइयों का सामना करना पड़ा, फिर भी वे निराश नहीं हुए और विज्ञान की उन्नति ने इंग्लैंड की उन्नति का मार्ग खोला।

जिस समय यूरोप अनेक प्रकार के नए आविष्कारों द्वारा अपने व्यवसाय की उन्नति में जुटा हुआ था उस समय भारत के अशांत वातावरण में पुराने ही तरीकों और सूझ–बूझ से काम लिया जा रहा था। 17वीं शताब्दी के मध्य से लेकर 18वीं शताब्दी के अंत तक भारत सोचनीय भारत रहा। यदि इस काल में अपनी प्राचीन परंपरा का ख्याल कर यहां के विचारशील लोग आर्थिक उत्थान की ओर समुचित ध्यान देते तो देश की वैसी दशा न हुई होती जैसी कि हुई। इसके विपरीत 18वीं शताब्दी के पूर्वार्द्ध में अंग्रेजों की व्यापारिक शक्ति बहुत बढ़ गयी। यूरोप में उनकी गणना प्रमुख देशों में होने लगी। 1714ई0 में स्पेन का प्रसिद्ध बंदरगाह जिब्राल्टर इंग्लैंड को मिल गया। इसके साथ ही उसे उन प्रदेशों में, जो अमेरिका में स्पेन के उपनिवेश थे, अफ्रीका के गुलाम हब्सियों को बेचने का ठेका भी प्राप्त हो

गया। इस तरीके से इंग्लैंड को बड़ा आर्थिक लाभ हुआ और वे ही भारत में अपना राज्य स्थापित कर सके।

यूरोपिय जातियों, विशेषकर अंग्रेजों के विरुद्ध भारतीयों के लगातार पराभव का मुख्य कारण जागृति का अभाव अथवा जिज्ञासा का क्षीण होना था। जिस तरह पहले पुर्तगाली और फिर यूरोप के अन्य देशों के नाविक भारतवर्ष, अमेरिका और अन्य नए नए देशों का हाल मालूम करते फिरते थे, उसी तरह भारतीय उनसे उनके देशों की बात सुनकर यूरोप और अमेरिका के नए देशों का पता लगाने निकल सकते थे। परंतु इस काल में भारत जहाजरानी में पिछड़ गया था। सम्राट अकबर जैसे शक्तिशाली शासक की प्रजा के जहाजों को भी मक्का तक जाने के लिए पुर्तगालियों का परवाना लेना पड़ता था। सन् 1580–82ई0 तक गुजरात के बंदरगाहों से पुर्तगालियों को निकालने की अनेक चेष्टाएं अकबर ने की पर समुद्र विद्या ज्ञान और शक्ति के न होने से वृथा गयीं। इसके बाद समूचे मुगल मराठा युग में जहाजरानी और दुनिया के अंकन के ज्ञान में यूरोपियों के मुकाबले में हिंदुस्तानियों की कमजोरी बराबर लज्जाजनक रूप में प्रकट होती गई। और यह हालत इस बात के बावजूद थी कि सूरत के बंदरगाह पर 19वीं सदी के शुरु तक जो जहाज बनते थे, वे यूरोपीय जहाजों से ज्यादा मजबूत और अच्छे होते थे। यूरोप वाले उन जहाजों को खरीद कर ले जाते थे लेकिन उन जहाजों से दुनिया के समुद्रों के रास्ते नापना और उन पर अधिकार करना यूरोपियों को ही सूझता था, हमें नहीं।

18वीं शताब्दी में महाराष्ट्र के रामचंद्र नीलकंठ बावडेकर ने राजनीति पर एक ग्रंथ लिखा जिसमें उसने यह स्वीकार किया कि यूरोपी लोग जहाजरानी में तथा तोप, बंदूक, गोला–बारूद बनाने और चलाने में मराठों या कुल भारतीयों से अधिक होशियार हैं। पर उसने केवल यहीं सोचा कि इस कारण वे खतरनाक हैं और उन्हें भारत में बसने को जमीने न देनी चाहिए अन्यथा वे किले बना कर हमें परेशान करेंगे। उनके ख्याल में यह बिल्कुल न आया कि हम उनके देशों में जाकर देखें तो सही कि उनकी इन विषयों में उन्नति का स्वरूप और कारण क्या है और हम भी इन नई विद्याओं, कलाओं और शिल्पा को उनसे सीख ले, चुरा ले या चाहे जिस तरह अपना लें।

भारत में ईस्ट इंडिया कम्पनी के साम्राज्य निर्माण में विज्ञान की महत्वपूर्ण भूमिका थी। इंग्लैंड में भी, प्लासी की लड़ाई के बाद, भारत की लूट से जो धन पहुँचा उससे वहाँ जो आविष्कार पहले हुए थे, वे कार्यरुप में परिणत हो सके जिसके फलस्वरुप अंग्रेजों ने अपनी शिल्प–व्यवसाय की प्रक्रियाओं में सुधार और उन्नति की और वहां व्यवसायिक क्रान्ति हो

गयी और विज्ञान के बल पर इंग्लैंड न केवल यूरोप बल्कि संसार का सबसे समुन्नत राष्ट्र बन गया।

भारत में ईस्ट इंडिया कंपनी की सत्ता स्थापित करने एवं उसे स्थायित्व प्रदान करने में पश्चिमी विज्ञान एवं तकनीकी की महती भूमिका थी, इस बात से इंकार नहीं किया जा सकता। अंग्रेजों की गलत नीतियों के कारण जब भारतीयों में असंतोष बढ़ा और उन्होंने 1857ई0 में अंग्रेजों के विरुद्ध भयंकर विद्रोह किया तो उस समय भी विज्ञान एवं तकनीकी ही अंग्रेजों की प्रमुख सहायक सिद्ध हुई। विद्रोह को दबाने में अंग्रेजों की रेल, तार, डाक ने बहुत कार्य किया। हंटर ने डलहौजी की प्रशंसा करते हुए लिखा कि 'वह महान राजदूत, भारत के साम्राज्य को लौह श्रृंखलाओं से बॉधने से ही संतुष्ट नहीं हो गया, वरन् उसने उसे दृढ़ करने के लिए दो और भी हथियार जारी किये–तार तथा आधे पैनी का पोष्टर''। वास्तव में सन् 1857 के गदर में रेल तथा तार ने अंग्रेजों के लिए हजारों आदमियों का काम किया। एक विद्रोही ने फॉसी पर लटकते समय तारों की तरफ संकेत कर कहा था कि ''इसी निर्दयी रस्सी ने हमारा गला दबाया है।'' वास्तव में 1857 के विद्रोह को दबाने में संचार साधनों ने ही अंग्रेजों को अग्रिम सूचनाएं देकर भारी सहायता पहुँचायी थी और वे इसे नियंत्रित करने में सफल हो सके थे। इस संदर्भ में सैंडिज जैसे पाश्चात्य लेखक हों या दीपक कुमार जैसे भारतीय लेखक, अपना मत प्रतिपादित किया है कि ''बहुधा किया जाने वाला यह दावा भले ही अतिरंजित जान पड़ता हो कि भारत में 1857 के विद्रोह से विद्युत–टेलीग्राफ ने ही रक्षा की, लेकिन यह सही है कि मई, 1857 में देहातों में भड़के विद्रोह की आरंभिक खबर अधिकारियों को टेलीग्राफ लाइनों से ही मिली और विद्रोह के बाद के चरणों में जब सर कालिन कैंपबेल ने युद्धार्थ सज्जित लखनऊ में प्रवेश किया तो ब्रिटिश सैनिक अभियंताओं के अधीन टेलीग्राफ लाइनों से ही इसकी सूचना प्राप्त हुई। इसीलिए इस युद्ध को प्रथम 'टेलीग्राफिक युद्ध' भी कहा गया।

1870ई0 के लगभग से यूरोप की विश्व प्रभुता और यूरोपीय भूमि और नृवंश की श्रेष्ठता का विचार यूरोपीय अभिजात वर्ग के दिमाग पर इस तरह आविष्ट हो गया और उस आवेश का रंग उनकी आंखों पर इस तरह छा गया कि इतिहास अथवा विद्यमान मानव जीवन के किसी भी पहलू को वे उस विचार के बिना देख ही नहीं पाते रहे। 19वीं शताब्दी के पिछले और बीच में के पहले अंश का यूरोप का बहुत सा ऐतिहासिक और सामाजिक चिंतन इस विचार से दूषित रहा। इसी कारण 19वीं एवं 20वीं सदी में पाश्चात्य इतिहासकारों द्वारा भारत का इतिहास इस ढंग से लिखा गया कि 18वीं एवं 19वीं सदी के पूर्वार्द्ध तक भारत की स्थिति अत्यंत दयनीय थी। पश्चिमी सभ्यता के अनुयायी लेखकों ने अपनी यह धारणा प्रस्तुत

की कि प्राचीन भारत एक असभ्य देश था। यहां के निवासी नितान्त मूर्ख तथा जंगली थे। ये किसी विद्या या कला में निपुर्ण नहीं थे। ज्ञान की बातें तो दूर रहीं, दैनिक व्यवहार की वस्तुएं तक बनाना इन्हें ज्ञात नहीं था। इस बात का प्रमुख कारण यह था कि भारत में आने के बाद अंग्रेजों द्वारा जो इतिहास–लेखन किया गया उसमें 18वीं एवं 19वीं सदी के पूर्वार्द्ध को भारतीय इतिहास की सबसे खराब सदी के रूप में प्रस्तुत करना और इसके जरिये यह समझाने का प्रयास करना था कि इस सदी में भारत की जो स्थिति है वहीं भारतीय अतीत की सामान्य स्थिति हमेशा से रही है। ऐसे में पाश्चात्य देशों से लोगों का आगमन एवं उनकी सभ्यता एवं संस्कृति से सम्पर्क के क्रिया एवं प्रतिक्रिया स्वरुप ही भारत में नवीन भावों एवं विचारों का उदय हुआ और साथ ही अंग्रेजों की नीतियां ही भारत में राजनीति के साथ ही सामाजिक, आर्थिक और वैज्ञानिक प्रगति के लिए उत्तरदायी थीं। इस प्रकार के इतिहास–लेखन के दौरान प्राचीन भारत की वैज्ञानिक प्रगति पर न के बराबर लेखन कार्य हुआ।

19वीं शताब्दी में, जिसे आधुनिक वैज्ञानिक युग की पहली शताब्दी कहा जाता है, जब संसार के अनेंक राष्ट्र ज्ञान–विज्ञान में उन्नति कर रहे थे, उस समय हमारा देश अंग्रेजी शासन के अधीन था। अंग्रेजों ने शासन और नियंत्रण के एक बहुत प्रभावशाली औजार के रुप में विज्ञान का प्रयोग किया। ब्रिटिश शासन 'श्रेष्ठता' पर आधारित था जिसकी निरंतरता प्रजाजनों के बीच से शासन के प्रति अर्जित सहमति और अधीनता भाव था और इस प्रयोजन में इतिहास–लेखन और एक खास विज्ञान नीति प्रमुख हथियार थी। अंग्रेज विज्ञान के महत्व से भलीभॅंति परिचित थे, इसलिए उन लोगों ने भारत में वैज्ञानिक ज्ञान को हमेंशा हतोत्साहित किया। स्वयं लार्ड मैकाले ने भारत में पश्चिमी विज्ञान के बजाय अंग्रेजी भाषा, साहित्य और कानून की ही शिक्षा पर जोर दिया था।

परंतु परतंत्र रहते हुए भी भारत ने संपूर्ण 19वीं सदी में विज्ञान एवं शिक्षा के उपयोगी विचारों को स्वीकारा एवं उसे ग्रहण किया। 19वीं शताब्दी के भारतीय जीवन में प्रेस, बारुद, कम्पास और दूरबीन आदि ने तो अपना प्रभाव दिखाया ही, साथ ही बेकन, कोपरनिकस, मोर्ले, मिल आदि यूरोपीय विद्वानों के विचारों ने भारतीय मध्ययुगीन जीवन की जड़ों को हिला दिया। 19वीं सदी के उत्तरार्द्ध में शोध द्वारा उद्घाटित ऐतिहासिक तथ्यों का प्रयोग राजनीतिक एवं सामाजिक उद्देश्यों हेतु किया गया फलस्वरुप भारतीयों ने यह अनुभव किया कि वे किसी भी प्रकार और किसी भी क्षेत्र में अपने शासकों से हीन नहीं हैं। इस पुनरुत्थानवादी प्रतिक्रिया स्वरुप विज्ञान के क्षेत्र में भी सरकार की रंगभेग नीति का विरोध आरंभ हुआ और महेंन्द्रलाल सरकार, प्रमथनाथ बोस, जगदीश चंद्र बोस और प्रफुल्ल चंद्र राय सदृश लोग इस शृखला की महत्वपूर्ण कडियां थे।

19वीं सदी के उत्तरार्द्ध में भारत में उच्चस्तरीय सामाजिक और राजनीतिक नेतृत्व के कारण भारत में नवजागरण का स्फुरण हुआ और इस पुनरुत्थानवादी प्रतिक्रिया स्वरूप भारत में पश्चिमी स्वरूप (मॉडल) के राजनीतिक, सामाजिक और सांस्कृतिक संगठनों के निर्माण का एक आंदोलन उठ खड़ा हुआ। 19वीं सदी का उत्तरार्द्ध वस्तुतः संस्था निर्माण और इसके सुदृढ़ीकरण का समय था। इन संस्थाओं ने भाषा और साहित्य के परिमार्जन के साथ ही ज्ञान–विज्ञान के द्वारा देश की जनता में आत्मगौरव और आत्मसम्मान की भावना भर नवजागरण के स्फुरण में महत्वपूर्ण भूमिका निभाई। नवजागरण के फलस्वरूप ही भारत के विभिन्न भागों में जागृति के चिन्ह दिखलायी पड़ने लगे और विभिन्न व्यक्तियों एवं संस्थाओं ने ज्ञान–विज्ञान का प्रचार–प्रसार कर देशवासियों में आत्मसम्मान की भावना लाने एवं उन्हें विज्ञान आंदोलन में सम्मिलित करने का प्रयास किया।

2. विज्ञान के अग्रणी उन्नायक शासक : महाराजा रामसिंह द्वितीय

पाश्चात्य लेखकों द्वारा आधुनिक भारत के लोगों पर यह आक्षेप लगाया जाता रहा है कि वे पश्चिमी विज्ञान के प्रति दुराग्रह का भाव रखते थे और भारत की देसी रियासतों के शासक तो केवल भोग–विलास में डूबे हुए किसी भी प्रकार अपनी सत्ता बचाये रखना चाहते थे। किसी भी प्रकार के जनोपयोगी कार्यों को करना अथवा कला–कौशल की उन्नति के बारे में सोचना उनके लिए असंभव था। यदि किसी शासक ने भी इस क्षेत्र में कुछ उत्तम कार्य किया भी तो भी उन्हें बंगाल, जहां से भारत में जागृति का आरंभ माना जाता है, के विज्ञान विचारकों एवं संचारकों–महेंद्रलाल सरकार, पी0 एन0 बोस, जगदीशचंद्र बसु, प्रफुल्लचंद्र राय, रामेंद्रसुंदर त्रिबेदी, सर आशुतोष मुखर्जी इत्यादि के समान प्रसिद्धि एवं सम्मान नहीं मिला ऐसे ही एक अल्प ज्ञात विलक्षण व्यक्तित्व के धनी शासक थे राजस्थान में जयपुर के राजा रामसिंह द्वितीय जिनके विज्ञान एवं तकनीकी के क्षेत्र में किये गये कार्यों का आजतक पूरी तरह से सही मूल्यांकन नहीं किया जा सका है।

राजस्थान में जयपुर के ही महाराजा सवाई जयसिंह द्वितीय (1700–1743ई0) के विज्ञान एवं तकनीकी के क्षेत्र में किये गये कार्यों को राजस्थान एवं भारत के इतिहासकारों, विज्ञान–लेखकों एवं साहित्यकारों के साथ ही विदेशी विद्वानों तक ने काफी महत्व दिया और उसे प्रमुखता से उठाया, परंतु उसी जयपुर रियासत के महाराजा रामसिंह द्वितीय के विज्ञान एवं तकनीकी के क्षेत्र में किये गये कार्यों का आजतक न तो पूरी तरह से धरातलीय सर्वेक्षण हुआ है और न ही उन्हें वह लोकप्रियता एवं प्रतिष्ठा ही मिली जिसके वह हकदार थे, जबकि उन्होंने उस जागृति काल में विज्ञान एवं तकनीकी के क्षेत्र में उल्लेखनीय कार्य किया था और जयपुर रियासत में उन समस्त प्रवृत्तियों एवं साधनों का समावेश करवाया था जो आधुनिकता लाने के साधन माने जाते थे।

महाराजा रामसिंह द्वितीय (27 सितंबर, 1835–17 सितंबर, 1880ई0) का जन्म 1833ई0 में हुआ था जो कि जयपुर के राजा जयसिंह तृतीय के पुत्र थे। दो वर्ष की आयु में ही पिता की मृत्यु के कारण अल्पायु में उन्हें संरक्षता में शासक नियुक्त किया गया। संरक्षित शासक होने के बावजूद उनकी शिक्षा का उचित प्रबंध किया गया और पं0 शिवधन महाराज (शिवदीन) को, जो आगरा कालेज से ग्रेजुएट थे, महाराज का शिक्षक नियुक्त किया गया। महाराज को संस्कृत, उर्दू के

अलावा अंग्रेजी भाषा की भी शिक्षा दी गयी और रामसिंह द्वितीय ने अंग्रेजी भाषा के माध्यम से पश्चिम के जिस ज्ञान–विज्ञान को जाना और आत्मसात किया उसे अपने राज्य में चरितार्थ करने का आजीवन हर संभव प्रयास किया। नवीन भावों एवं विचारों के संपर्क का ही प्रभाव था कि राज्य की परंपरा को कायम रखते हुए भी समाज सुधार एवं उन्नतशील प्रवृत्तियों को अपनी प्रजा की भलाई के लिए अपने राज्य में प्रचारित किया।

प्रशासनिक सुधार :

भारत में जागृति की किरणें सबसे पहले बंगाल में प्रस्फुटित हुईं और यह बंगाली प्रबुद्ध वर्ग ही था जिसने ज्ञान की इस मशाल को इस उपमहाद्वीप में धारण किया। पाश्चात्य सभ्यता, संस्कृति, भाषा एवं साहित्य से संपर्क के फलस्वरुप बंगाल के लोगों में एक विशेष प्रकार की प्रबुद्धता दिखलाई देने लगी थी और बंगाली लोग अधिकांश देशी रियासतों में अपनी चतुरता एवं दक्षता का परिचय दे रहे थे। राजा रामसिंह बंगाली जाति की योग्यता और दक्षता से पूर्ण परिचित थे और उन्होंने प्रशासनिक सुचारुता के लिए आजीवन उनकी सेवायें लीं। हरिमोहन सेन राज्य की कौसिल के सेक्रेटरी थे और बाबू संसारचंद्र सेन को महाराज ने राज्य का गुप्तमंत्री बनाया था जो महाराज के जीवनपर्यंत उस पद पर रहे। महाराज ने न केवल सेनवंशीय बंगालियों बल्कि बंगाली ब्राह्मणों एवं कायस्थों को भी अत्यधिक संख्या में अपने राज्य में बुलाकर उन्हें विभिन्न विभागों में नियुक्त किया था। प्रशासन के अधिकांश विभागों के अध्यक्ष बंगाली ही थे और उनके परिश्रम और बुद्धिमत्ता का ही परिणाम था कि जयपुर रियासत का शासन पूरे राजस्थान में सबसे सुचारु ढ़ंग से चलता था।

जब रामसिंह अल्पायु थे तभीं राज्य संचालन के लिए एक 'अष्टकौंसिल' बनी थी और पोलिटिकल एजेंट की सहायता से शासन चलता था। 1857ई0 में रामसिंह ने शासनसूत्र ग्रहण किया और अल्पायु के कारण अधिकांश कार्यों में पोलिटिकल एजेंट की मदद लेते थे। पोलिटिकल एजेंट के परामर्श से ही स्वभाव से आलसी एवं खर्चीले प्रधानमंत्री रावल बैरीसाल को पद से हटाकर अपने भ्राता लछमन सिंह को प्रधानमंत्री पद पर नियुक्त किया और अपने शिक्षक पं0 शिवधन को राजस्व विभाग का अध्यक्ष बनाया था। स्वयं पूर्ण योग्य और शिक्षित होते हुए भी रामसिंह ने राज्य की पूर्व रीति को बनाये रखा और आजीवन मंत्रिपरिषद की सहायता से शासन किया। पूरे राजस्थान में जयपुर ही एकमात्र रियासत थी जहां मंत्रिपरिषद की सहायता से शासन होता था।

राजस्थान में शिक्षा के अग्रदूत :

राजा रामसिंह ने स्वयं अच्छी शिक्षा पायी थी और वे शिक्षा के महत्व को भलीभँति समझते थे। उनका यह दृढ़ विश्वास था कि इस संसार में शिक्षा से ही अनेक जातियों एवं

राष्ट्रों की उन्नति हुई है। राज्य में जितनी शिक्षा बढ़ती जायेगी उतनी राज्य की उन्नति होती जायेगी और उन्नति से ही राजा और प्रजा दोनों का कल्याण होगा। 1844ई0 में राजा रामसिंह ने एक स्कूल खोला और उसका नाम 'महाराजा कालेज' रखा। 1845ई0 में पं0 शिवदीन को इस कालेज का प्रधानाचार्य नियुक्त किया गया। इस कालेज में संस्कृत, उर्दू, फारसी के अतिरिक्त अंग्रेजी भी पढ़ाई जाती थी। 1847ई0 में इस विद्यालय में विद्यार्थियों की कुल संख्या 100 थी। पूरे राजपूताना में यहीं ऐसा विद्यालय था जहां अंग्रेजी पढ़ायी जाती थी। 1845ई0 में ही एक संस्कृत कालेज खोला गया जिसमें पढ़ने वाले विद्यार्थियों की संख्या 250 थी।

न केवल बालक बल्कि बालिकाओं की शिक्षा के प्रति भी महाराज रामसिंह सचेत थे। 1845ई0 में ही उन्होंने एक बालिका विद्यालय स्थापित करवाया। इस विद्यालय की कई शाखायें रियासत के विभिन्न भागों में स्थापित की गयीं जिनमें 500 छात्रायें शिक्षा ग्रहण करती थीं। 15 जून, 1861ई0 को महाराजा ने जागीरदारों, ठाकुरों एवं उच्च अधिकारियों के लिए एक स्कूल खोला परंतु सरदार लोग उसमें पढ़ने नहीं जाते थे तब महाराज ने उन्हें समझाकर विद्यालय में पढ़ने भेंजा। इसी वर्ष विभिन्न प्रकार के 170 अन्य स्कूल और खोले गये। इन विद्यालयों का सारा व्यय राज्य की ओर से दिया जाता था। सर्वसाधारण में शिक्षा के प्रचार के लिए ही 1868–69ई0 में महाराजा रामसिंह ने 'पब्लिक लाइब्रेरी' की स्थापना करवायी जिसके लिए 6000 ग्रंथ इंग्लैंड से मॅगवाये और कई हजार ग्रंथ अपने पोथीखाने से दिये। उन्होंने एक लिथो प्रेस की भी स्थापना की थी जिसमें अनेंक महत्वपूर्ण पुस्तकें छापकर पोथीखाने को समृद्ध किया। महाराज के शिक्षा के क्षेत्र में किये गये प्रयास का ही फल था कि शिक्षा की दृष्टि से जयपुर राजस्थान में अग्रगण्य माना जाता था जिसकी समता केवल अजमेर–मेरवाड़ा से ही हो सकती थी जहां अंग्रेजों का सीधा शासन स्थापित हो चुका था।

तकनीकी शिक्षा के उन्नायक :

साधारण शिक्षा के साथ ही तकनीकी शिक्षा के क्षेत्र में भी महाराजा रामसिंह द्वारा किया गया प्रयास सराहनीय था। जयपुर रियासत में सवाई जयसिंह के समय से ही शिल्पकार्य काफी उन्नत दशा में था और उन्होंने 36 कारखाने भी खोल रखे थे जिसके बारे में कहावत प्रचलित थी कि :

ऊँचे दरवाजे सुगम वाट।

कंचन सम जाटित बने कपाट।

लगते बनवाये चौक ईस।

तॅह रहै कारखानै छत्तीस।।

फिर भी महाराजा रामसिंह ने शिल्पशिक्षा की उन्नति के लिए 4 जून, 1867ई0 को एक स्वतंत्र शिल्प विद्यालय स्थापित किया। शिल्पशिक्षा के लिए महाराज ने देश के अलग–अलग भागों से विशेषज्ञ बुलवाये। मद्रास से लुहार और कुम्हार, काठ के कामों के लिए सहारनपुर से खाती और अन्य विषयों के लिए अन्यत्र से विशेषज्ञ बुलवाये। शिल्पशिक्षा के लोकप्रियकरण के लिए कुछ दिन 'कांफ्रेंस' भी हुई थी। महाराज के प्रयास का ही फल था कि उनके समय में जयपुर का शिल्पकार्य पूरे भारत में सर्वोत्तम माना जाता था।

चिकित्सकीय शिक्षा के संस्थापक :

साधारण शिक्षा एवं तकनीकी शिक्षा के साथ ही चिकित्सकीय शिक्षा के विस्तार एवं सर्वसाधारण को चिकित्सकीय सेवायें उपलब्ध कराने के लिए महाराज रामसिंह द्वारा किया गया प्रयास उस युग की एक अविस्मरणीय घटना थी। 1845ई0 में ही जयपुर नगर में एक अस्पताल एवं एक दवाखाना खोला गया था। बाद में इसी प्रकार की सुविधायें रियासत के अन्य भागों में भी की गयीं। इस प्रकार की पहल की सीमित सफलता से उत्साहित होकर प्रशिक्षित चिकित्सकों के अभाव के बावजूद भी 1855ई0 में महिलाओं के प्रसव के लिए एक अस्पताल, एक दवाघर और एक मेडिकल स्कूल खोला गया। मेडिकल स्कूल का उद्घाटन 7 सितंबर, 1861ई0 को किया गया। प्रथम सत्र में 24 छात्र भर्ती किये गये और डॉ0 किंगफोर्ड बर (Dr. Kingford Burr) को मेडिकल स्कूल का निदेशक नियुक्त किया गया जहां वे भौतिक चिकित्सा (Material Medical), प्रायोगिक रोगोपचार (Practical Therapeutics), शल्य चिकित्सा (Surgery) और औषधि के प्रयोग का तरीका (Practice of Medicine) पढ़ाते थे। बाद में डॉ0 नज़ीबखान और डॉ0 हुसैनबख्श शरीर रचना विज्ञान (Anatomy) में Demonstrator नियुक्त हुए और असिस्टेट सर्जन पार्वतीचरण घोष को मैटेरिया मेडिका, शरीर क्रिया–विज्ञान (Physiology) और औषधियों के सिद्धांतिक और प्रायोगिक विधि पढ़ाने के लिए प्रवक्ता नियुक्त किया गया। महाराजा रामसिंह द्वितीय ने कालेज की उन्नति के लिए जो भी प्रबंध हो सकता था, वह सब किया परंतु फिर भी वे आगरा मेडिकल कालेज जैसी सुविधायें नहीं जुटा सके और चिकित्सकीय शिक्षा प्रदान करने में काफी दिक्कतें आ रही थीं जिसे ध्यान में रखते हुए यह निर्णय हुआ कि 'यदि लड़कों को आगरा मेडिकल कालेज में रियासत के खर्च से शिक्षा ग्रहण करने के लिए भेंजा जाय तो उनको अधिक अच्छी शिक्षा

मिल सकती है और उनकी देखभाल भी अच्छी होगी', इन्हीं बातों को ध्यान में रखकर 1 मार्च, 1868ई0 को मेडिकल कालेज बंद कर दिया गया। यद्यपि यह कालेज अल्पकालिक सिद्ध हुआ परंतु उस युग में इस प्रकार का प्रयास न केवल जयपुर एवं राजपूताना बल्कि पूरे भारत में अपना विशिष्ट स्थान रखता है। जयपुर नगर में सुव्यवस्था एवं प्रजा के स्वास्थ्य को ध्यान में रखकर ही 1868ई0 में 'नगरपालिका' स्थापित की गयी जिसका सारा व्यय रियासत की ओर से किया जाता था। सर्वसाधारण को चिकित्सा सेवा उपलब्ध कराने के उद्‌देश्य से ही महाराज रामसिंह ने 15 अक्टूबर, 1870ई0 को 'मेयो हास्पिटल' की नींव डाली जो कि 163000) रु0 की लागत से 7 वर्ष में बनकर तैयार हुआ था जिसकी पूरे राज्य में 50 शाखाएं खोली गयीं थीं। इस हास्पिटल का चिकित्सकीय सेवायें प्रदान करने में बहुत ही महत्वपूर्ण योगदान था।

समाज सुधारक शासक :

महाराजा रामसिंह प्रगतिशील विचारों के थे और सामाजिक सुधारों के पक्षधर थे। जब वे संरक्षित शासक थे तभी पूरे राजपूताना में सतीप्रथा बंद करने के लिए ब्रिटिश सरकार ने 1844ई0 में प्रयास शुरु किया था और उदयपुर रियासत को सबसे श्रेष्ठ समझते हुए इस संदर्भ का पहला खरीता उदयपुर ही भेंजा था। उदयपुर में तो इस पर तत्काल कोई प्रतिक्रिया नहीं हुई पर जयपुर रियासत में तत्काल ही इस पर कदम उठाया गया। कौंसिल के अध्यक्ष मेजर जॉन लडलो के प्रयास एवं राजमाता के सहयोग से 1845ई0 में ही जयपुर रियासत में सतीप्रथा बंद कर दी गयी। पूरे राजपूताने में जयपुर पहली रियासत थी जहां सतीप्रथा को सर्वप्रथम बंद किया गया। राजा रामसिंह ने अपने शासनकाल में न केवल सतीप्रथा बल्कि कन्या शिशु हत्या, नरबलि एवं दासप्रथा जैसी घृणित कुप्रथाओं को भी समाप्त करने के लिए प्रभावशाली कदम उठाया था।

दूरदर्शी एवं प्रजा हितैषी शासक :

महाराजा रामसिंह आरंभ से ही अत्यंत चतुर एवं दूरदर्शी थे और जो भी कार्य करते थे वह अपने राज्य एवं प्रजा की भलाई को ध्यान में रखकर करते थे। 1857ई0 में उन्होंने शासनसूत्र ग्रहण किया और उसी वर्ष भारत में भयंकर सैनिक विद्रोह हुआ। इस विद्रोह में महाराज ने अंग्रेजी शासन का पूर्ण समर्थन किया। उन्होंने धन और सेना से अंग्रेजी सरकार की मदद की जिसके पुरस्कार में विद्रोह की समाप्ति पर 'कोटकासिम परगना' उन्हें ईनाम मिला परंतु महाराज ने उसे इस शर्त पर लेना स्वीकार किया कि 'यह देश जब तक गवर्नमेंट की अधीनता में है तब तक गवर्नमेंट ने जो उस देश का राजस्व नियत किया है आगे भी उसे उसी नियम से चलाना होगा और उन्हें दत्तक पुत्र लेने का अधिकार होगा' सरकार ने

उनकी दोनों ही मांगे स्वीकार की थी। महाराज आजीवन ब्रिटिश सरकार के प्रति वफादार रहे परंतु हमेंशा ही अपने राज्य एवं प्रजा के हित को सर्वोपरि रखा।

1868ई0 में राजपूताने में भयंकर अकाल पड़ा था। ऐसी विषम परिस्थिति में महाराजा रामसिंह ने प्रजा की भलाई के लिए सराहनीय कार्य किया था जिसे ब्रिटिश सरकार ने भी स्वीकार किया था। अकाल की विषमता को देखकर 20 सितंबर, 1868ई0 को 'अन्नकर' माफ कर दिया साथ ही अन्न और चारे का बाहर जाना प्रतिबंधित कर दिया। अकाल के समय महाराज ने अत्यधिक धन अपने कोश से खर्च किया। अकाल पीड़ितों की सहायता के लिए मरम्मत कार्य जारी हुए थे जिनमें रणथंभौर में रु0 71235, महुआ में रु0 5321, निवाई में रु0 1120, माधोराजपुरा में रु0 2500, सुदर्शनगढ़, आंवागढ़ और गणेशगढ़ में रु 91531 व्यय हुए और कुल मिलाकर रु0 1320000 व्यय हुए थे। अकाल के समय अपने राज्य में महाराज रामसिंह द्वारा की गयी सुव्यवस्था से प्रसन्न होकर ब्रिटिश सरकार ने महाराज के सम्मान में दी जाने वाली 17 तोपों की सलामी में 2 की वृद्धि कर दी थी जो कि पूरे राजपूताना में सबसे अधिक थी।

सार्वजनिक निर्माण विभाग की स्थापना एवं जनोपयोगी कार्य :

जनोपयोगी कार्यों में महाराजा रामसिंह द्वितीय की विशेष दिलचस्पी थी। 1860ई0 में उन्होंने सार्वजनिक निर्माण विभाग (Public Works Department) की स्थापना की और इस विभाग की सहायता से उन्होंने जयपुर रियासत में बहुत सी सड़कें बनवायी तथा जयपुर से अजमेर और आगरा के बीच राजमार्गों का भी निर्माण करवाया। इस विभाग की सहायता से उन्होंने सिंचाई के लिए कई बंधों एवं तालाबों और अनेंक भवनों का निर्माण करवाया था। एक ऑकड़े के अनुसार 1867–1880ई0 के बीच महाराजा रामसिंह द्वितीय ने सड़कों में 25 लाख, बंधों में 11 लाख, तालाब आदि में 28 लाख और अन्य जनोपयोगी कार्यों में 26 लाख रुपये व्यय किये थे।

प्रथम फोटोग्राफर राजकुमार :

महाराजा रामसिंह को फोटोग्राफी करने का भी शौक था। उन्होंने 1850ई0 में ही इंग्लैण्ड से पेटीदार कैमरा मंगवाया था। उन्होंने कितनी ही तवायफों और जयपुर के विभिन्न भवनों एवं प्राकृतिक दृश्यों के चित्र स्वयं खीचे थे। उन्होंने तवायफों को तैयार कराकर उनकी नाचते और गाते हुए असंख्य फोटो 'मॉडल' की तरह खींची थी जिनमें गौहरखान नाम की तवायफ उनकी मनपसन्द मॉडल थी। वे 'ग्लास प्लेट' का उपयोग कर फोटो खींचते थे। उनके खींचे हुए फोटो 'फोटूखाने' में सुरक्षित रखे जाते थे जो कि आज भी जयपुर में देखा जा सकता है। उन्होंने अपनी रियासत में फोटोग्राफी उद्योग को विकसित किया और रियासत

के 36 कारखानों में अलग से तस्वीर विभाग बनवाया था। उन्होंने महाराजा स्कूल ऑफ आर्ट में 'फोटोग्राफी' को एक विषय के रुप में रखा था और इसके प्रशिक्षण के लिए अंग्रेज फोटोग्राफर टी. मोरे को 1870ई0 में ही जयपुर बुलवाया था। वे अपने समय के प्रसिद्ध फोटोग्राफर और भारत के तो 'प्रथम फोटोग्राफर राजकुमार' थे।

रंगमंच एवं अभिनय के पोषक :

महाराजा रामसिंह का एक अत्यंत ही महत्वपूर्ण कार्य 1878ई0 में ''रामप्रकाश'' नाटकघर की स्थापना थी जिसका उद्देश्य नाटक विधा की प्रगति के साथ ही जनता का मनोरंजन एवं शिक्षण करना था। इस नाटकघर को बनवाने की प्रेरणा महाराजा को कलकत्ता के 'स्टार थियेटर' से मिली थी। इस नाटकघर में मंचित नाटकों में विभिन्न भूमिकाओं का अभिनय अधिकांशतः जनानी ड्योढ़ी की तवायफें ही करती थीं और उनके प्रशिक्षण के लिए बम्बई के पारसी थियेटर के कलाकारों को महाराजा ने यहां बुलवाया था। प्रसिद्ध पारसी रंगमंच कलाकार पेस्तनजी भाई बाटलीवाला (पेसू पुखराज) और करुणरस के अद्वितीय कलाकार रतनजी ढूढी रामप्रकाश थियेटर में वेतनभोगी कलाकार थे। इस नाटकघर की मंचसज्जा का सामान बंबई के केबिनेट निर्माता मैसर्स जमशेदजी के जरिये खरीदा जाता था। महाराज ने जर्मन बैंडमास्टर वाकर के जरिये इंग्लैंड से वाद्ययंत्र मॅगवाये थे जिसकी कीमत पॉच सौ इक्यावन रुपये दो आने छः पाई थी जो कि महाराज की मृत्यु के बाद सितंबर, 1880ई0 में पहुॅचे थे। ओखली में पोटाश के धमाके के साथ जब रामप्रकाश का पर्दा उठता था तो सारा नाटकघर संगीत से गुंजायमान हो जाता था और प्राकृतिक दृश्यों तथा महलों–मंदिरों के चित्र से चित्रित परदों की पृष्ठभूमि में जब मंच पर पात्र आकाश से अवतरित अथवा पृथ्वी से अकस्मात् प्रकट हो जाते थे तो दर्शक देख कर आश्चर्यचकित हो जाते थे। उस समय नाटक देखने का लोगों पर ऐसा नशा छा गया था कि तांगेवालों ने अपने टट्टू और भिश्तियों ने अपनी मशकें और पखालें बेच दिये थे। रामप्रकाश नाटकघर के उपकरण, संगीत और कलाकार सब ऐसे हो गये थे कि तत्कालीन राजपूताना ही नहीं बल्कि पूरे उत्तर भारत में उसका कोई जोड़ न था। 1880 ई0 में उदयपुर के महाराणा सज्जनसिंह इतिहासकार कविराजा श्यामलदास के साथ पूरे एक सप्ताह तक महाराजा रामसिंह के मेहमान थे और जयपुर प्रवास के सात दिनों की पांच रातों को महाराणा के साथ रामप्रकाश में नाटक ही देखे थे ।

यातायात एवं संचार साधनों का विकास :

महाराजा रामसिंह ने अपने राज्य में यातायात एवं संचार साधनों के विकास का महत्वपूर्ण कार्य किया था जो कि पूरे राजपूताना में अपने किस्म का अनूठा था। 1864ई0 में ही अजमेर के साथ ही जयपुर में भी तारघर खुला। उन्होंने पूरे राजपूताना में सबसे पहले

अपने राज्य में रेल चलवाई और पहली रेललाइन 1874ई0 में आगरा फोर्ट से बॉदीकुई के बीच खुली थी। उस समय जयपुर रियासत के लोगों के लिए रेलगाड़ी किसी आश्चर्य से कम न थी। यह महत्वपूर्ण खबर भारत की कई पत्र–पत्रिकाओं में प्रकाशित हुई थी। बनारस के भारतेंदु हरिश्चंद्र ने भी इस खबर को अपनी पत्रिका श्रीहरिश्चंद्रचंद्रिका में प्रमुखता से प्रकाशित किया था और शीर्षक दिया था 'THE FIRST TRAIN TO JEYPORE' जिसमें जयपुर नरेश के प्रजावत्सलता और ज्ञानप्रियता की प्रशंसा की गयी थी। इतना ही नहीं, 'हिंदू पंच' नामक अंग्रेजी पत्र में इस घटना को लेकर महाराजा रामसिंह द्वितीय के अपनी प्रजा की भलाई एवं ज्ञान–विज्ञान के क्षेत्र में किये गये उत्कृष्ट कार्यों को रेखांकित करते हुए एक कविता छपी थी। भारतेंदु जी ने उस पूरी कविता को अपनी पत्रिका में प्रकाशित कर दिया था। महाराजा रामसिंह द्वितीय ने अपनी रियासत में डॉकखानों का भी विस्तार किया था और उनके समय में जयपुर रियासत के 18 नगरों में डॉकखाने थे।

अन्य जनोपयोगी कार्य :

महाराजा रामसिंह ने प्रजा की भलाई के लिए अन्य दूसरे भी जनोपयोगी कार्य किये। 1875ई0 में जयपुर शहर में नल का जल (वाटर वर्क्स) चालू किया गया और 1878ई0 में जयपुर की सड़कों एवं गलियों में रोशनी करने के लिए मिट्टी के तेल से जलने वाले गैस की लालटेनें (गैस वर्क) लगवायीं और जयपुर शहर उसकी रोशनी में जगमगाता था। महाराजा रामसिंह के प्रयास का ही परिणाम था कि कलकत्ते, जो कि तत्कालीन भारत की राजधानी थी, को छोड़कर केवल जयपुर ही एकमात्र ऐसा नगर था जो लैंप की रोशनी से जगमगाता था।

सम्मान एवं महत्व :

महाराजा रामसिंह अपने समय के भारत के सबसे प्रबुद्ध और प्रगतिशील विचारों के शासक थे। उन्होंने अपनी रियासत में ज्ञान–विज्ञान की उन्नति एवं प्रजा की भलाई का जो कार्य किया वह अपने आप में एक कीर्तिमान था। सवाई जयसिंह के बाद वे जयपुर रियासत के सबसे योग्य, प्रबुद्ध और कुशल शासक थे। अपने मात्र 47 वर्ष के जीवन में उन्होंने जयपुर को स्वच्छ, सुंदरतर और आधुनिक सुविधाओं से परिपूर्ण बनाने का महत्वपूर्ण कार्य किया था। तत्कालीन ब्रिटिश सरकार तक ने उनकी योग्यता को पहचानकर नवस्थापित वायसराय की कार्यकारिणी के लिए उन्हें दो बार नामित किया था और उन्हें 'सितारे हिंद' (G.C.S.I) की अत्यंत ही सम्मानप्रद पदवी प्रदान की थी।

3. प्रथम भारतीय महिला विज्ञान संचारक : स्वर्णकुमारी देवी

नवजागरणकालीन विज्ञान संचारक भारतीयों में स्वर्णकुमारी देवी का अग्रणी एवं अति महत्वपूर्ण स्थान है। वे प्रथम भारतीय महिला थीं जिन्होंने सामाजिक, राजनीतिक एवं सांस्कृतिक विषयों पर तो लेखनी चलाई ही, साथ ही, विज्ञान विषयों पर भी उत्तमोत्तम लेख बॅगला भाषा में लिखा जिससे आमजन के साथ ही महिलायें भी समझ सकती थीं। उस नवजागरणकाल में अत्यंत विपरीत परिस्थितियों में कार्य करते हुए विज्ञान के संचार एवं उसे लोकप्रिय बनाने के लिए उन्होंने जो आंदोलन आरंभ किया वह अपने आप में एक अत्यंत महत्वपूर्ण घटना थी।

भारत में नवजागरण का आरंभ बंगाल से हुआ। यदि नवजागरणा का आरम्भ 14वीं सदी में यूरोप में हुआ तो उसकी आखरी यात्रा 19वीं शताब्दी में, बंगाल में हुई और यह बंगाली बुद्धिजीवी वर्ग ही था जिसने ज्ञान की इस मसाल को इस उपमहाद्वीप में धारण किया। 19वीं सदी के आरंभ से ही बंगाल में नेतृत्व के चिन्ह दृष्टिगोचर होने लगे थे। धर्म संशोधन, समाज संशोधन, मातृभाषा के साहित्य की वृद्धि, स्वदेशानुराग के साथ ही ज्ञान–विज्ञान बंगाल में प्रचलित होने लगे थे और उन्हीं बंगालियों में से एक अल्पशिक्षित एवं अप्रशिक्षित परन्तु अत्यंत ही कर्मठ एवं जुझारु महिला स्वर्णकुमारी देवी ने इस युग में अपना ऐसा नेतृत्व प्रदान किया जिसके फलस्वरुप वह उच्चासन की भागी हुईं।

स्वर्णकुमारी देवी का जन्म 28 अगस्त, 1855ई0 को कलकत्ता, बंगाल में हुआ था। इनके पिता का नाम देवेन्द्रनाथ टैगोर (1817ई0–1905ई0) तथा माता का नाम शारदा देवी था। वह पढ़ने के लिए विद्यालय तो नहीं गयीं पर घर पर ही उन्हें पढ़ाने के लिए अध्यापक नियुक्त किये गये जहां संस्कृत और अंग्रेजी के साथ ही साहित्य, चित्रकला, संगीत, विज्ञान, धर्म, राजनीति एवं शिक्षा पर वाद–विवाद करने की शिक्षा उन्हें स्पष्ट रुप से दी गयी। उन्हें न तो व्यवस्थित ढ़ंग से शिक्षा मिली थी और न ही उच्च शिक्षा। उन्होंने जो कुछ भी पढ़ा स्वाध्याय से और उसी के बल पर सतत अध्ययन एवं अपनी लगन के कारण प्रसिद्धि प्राप्त कीं।

Swarnakumari Devi

स्वर्णकुमारी का विवाह 1868ई0 में नदिया जिले के एक अति शिक्षित ज़मींदार जानकीनाथ घोषाल के साथ हुआ। उनकी तीन संतानें हुई–एक पुत्र और दो पुत्रियां। उनकी एक पुत्री सरलादेवी चौधरानी अपनी माता के ही समान एक प्रख्यात साहित्यकार एवं संपादक हुई। स्वर्णकुमारी देवी के पति चूँकि भारतीय राष्ट्रीय कांग्रेस के आरंभिक कार्यकर्ताओं में से थे, अतः स्वर्णकुमारी देवी 1890 ई0 में कांग्रेस से जुड़ीं एवं सर फिरोजशाह मेहता की अध्यक्षता में कलकत्ता में हुए छठें अधिवेशन में सक्रिय सहभागिता की थी। यही प्रथम अवसर था जब महिलायें भी खुले रूप में कांग्रेस में सहभागिता की थीं। इसी अधिवेशन में ही प्रथम भारतीय महिला स्नातक एवं प्रथम महिला फिजिशियन कादंबिनी गांगुली (18जुलाई, 1861–3 अक्टूबर, 1923ई0) ने कांग्रेस के मंच से भाषण दिया था।

स्वर्णकुमारी देवी को वैज्ञानिक ज्ञान के प्रति लगाव पारिवारिक विरासत में मिली थी। इनके पिता देवेन्द्रनाथ टैगोर पश्चिम के ज्ञान–विज्ञान के प्रबल समर्थक थे। इन्होंने बंगाल में विज्ञान की उच्च शिक्षा के लिए एक हजार रुपये के सालाना पुरस्कार देने की घोषणा की थी। 1845ई0 में जो चार भारतीय छात्र चिकित्सा के उच्च अध्ययन के लिए इंग्लैंड भेंजे गये थे, जिनमें से दो का खर्च देवेन्द्रनाथ टैगोर ने ही वहन किया था। भोलानाथ बोस उन चार छात्रों में से एक थे जो पहली बार जातीय बंधनों को तोड़ते हुए इंग्लैंड गये थे और लंदन विश्वविद्यालय से एम0 डी0 की डिग्री प्राप्त करने वाले पहले भारतीय बने थे।

स्वर्णकुमारी देवी एक विख्यात् विज्ञान संचारक हुईं, परंतु उन्होंने अपने साहित्यिक जीवन की शुरूआत एक उपन्यासकार एवं कवयित्री के रूप में आरंभ किया। 1876ई0 में उनका प्रथम उपन्यास 'दीपनिर्बाण' प्रकाशित हुआ जो कि किसी भारतीय महिला द्वारा लिखित प्रथम उपन्यास था। उन्होंने अपने जीवनकाल में दीपनिबार्ण, मिबारराज, छिन्नमुकुल, हुगली इमामबाड़ी, मालती, विद्रोह, स्नेहलता, कहाके, फुलेरमाला, विचित्र, स्वप्नबानी एवं मिलनरात्रि जैसे उपन्यास; कोने बादल, पाकचक्र, राजकन्या और दिव्य कमल जैसे नाटक; बसन्त उत्सव, गाथा और गीतिगुच्छा जैसे कविता संग्रह और पृथिवी जैसे निबन्ध संग्रह लिखे।

एक कुशल साहित्यकार के साथ ही बंगाल की महिलाओं में मासिक पत्र संपादन में भी इनका अद्वितीय स्थान था। 'भारती' पत्रिका, जो एक प्रकार से इनकी पारिवारिक पत्रिका थी और बॅगला साहित्य संसार में सर्वश्रेष्ठ मानी जाती थी, का संपादन इन्होंन 1884ई0 से किया। इस पत्रिका को ज्यातिरिन्द्रनाथ ने अप्रैल, 1877ई0 से निकालना आरंभ किया था जिसके प्रथम संपादक द्विजेन्द्रनाथ टैगोर थे। 1884–95ई0 तक कुल 11 वर्ष स्वर्णकुमारी देवी ने बड़े परिश्रम के साथ इसका संपादन किया। उसके बाद उनकी पुत्री सरलादेवी चौधरानी ने इसका संपादन 12 वर्षों तक किया एवं उसके बाद पुनः 8 वर्षों तक उन्होंने इसका संपादन किया था। उन्होंने स्वयं तो इस पत्रिका में लिखा ही, साथ ही तत्कालीन विद्वान

बंगाली पुरुषों के अलावा ख्यातिप्राप्त चिंतक एवं साहित्यकार महिलाओं–गिरीन्द्र मोहिनी, शरत कुमारी चौधरानी और अनुरूपा देवी के लेख भी इस पत्रिका में प्रकाशित होते थे।

स्वर्णकुमारी देवी एक कुशल कवयित्री, उपन्यासकार, सामाजिक कार्यकत्री के साथ ही एक कुशल विज्ञान संचारक भी थी। उनका प्रथम लेख ''भूगर्भ'' 'भारती' पत्रिका में 1880ई0 में चार भागों में सतत प्रकाशित हुआ था। 1884ई0 में भारती पत्रिका का संपादन भार ग्रहण करने के उपरांत उन्होंने विज्ञान विषयों पर लोकप्रिय आलेखों को प्रमुखता देना अपनी संपादकीय नीति का हिस्सा बनाया ताकि वे महिलायें, जो अंग्रेजी नहीं बोल सकती थीं, उनकी भी पहुँच नये वैज्ञानिक विचारों एवं सूचनाओं तक हो सके। उन्होंने 1880–1889ई0 के बीच 17 वैज्ञानिक निबंध भारती पत्रिका में लिखे। उन्होंने 'तत्वबोधिनी पत्रिका' में भी विज्ञान विषयक लेख लिखे। उन्होंने अपने जीवन काल में कुल 24 निबंध विज्ञान विषयों पर लिखे जिनमें से 7 केवल भूगर्भशास्त्र पर और बाकी नक्षत्रशास्त्र, प्राकृतिक विज्ञान एवं भौतिक विज्ञान से संबंधित थे। विज्ञान विषयों पर उनके निबंध उस युग के हिसाब से बिल्कुल असाधारण थे। उस युग में, जबकि महिलायें विज्ञान विषयों को पढ़ने एवं लिखने के योग्य नहीं समझी जाती थी, इस बात पर यदि गंभीरता से विचार किया जाय तो स्वर्णकुमारी के वैज्ञानिक निबंध उनकी बौद्धिकता एवं विद्वत्ता को प्रदर्शित करते हैं और एक लेखक के रूप में यह उनकी अद्वितीय उपलब्धि थी।

स्वर्णकुमारी देवी ने विज्ञान विषयक ज्ञान को लोकभाषा में प्रचारित करने का अद्भुत आंदोलन चलाया। उस युग की बँगला भाषी प्रमुख विज्ञान विषयक पत्रों–विज्ञान कौमुदी (1860ई0), विज्ञान रहस्य (1871ई0), विज्ञान–विकास (1873ई0), विज्ञान दर्पण (1876ई0), सचित्र विज्ञान–दर्पण (1882ई0), चिकित्सा दर्शन (1887ई0) इत्यादि का भी प्रमुख उद्देश्य विज्ञान को लोकप्रिय बनाना ही था। उस समय भारत में विज्ञान विषयक शोध का नितांत अभाव था, इस कारण इन पत्रिकाओं में मूल शोधपत्र नहीं बल्कि अनुवाद एवं पश्चिमी जगत में हो रही विज्ञान की प्रगति संबंधी सूचनायें ही प्रकाशित होती थीं। इन विज्ञान विषयक पत्रिकाओं के अलावा बंगाल से प्रकाशित सामान्य पत्र–पत्रिकाओं–तत्वबोधिनी पत्रिका, सोमप्रकाश, संवाद प्रभाकर में भी विज्ञान विषयक लेख प्रकाशित होते थे, जिनका उद्देश्य विज्ञान विषयक शिक्षा को बढ़ावा देना ही था। भारती पत्रिका एवं तत्वबोधिनी पत्रिका के माध्यम से स्वर्णकुमारी देवी ने इस क्षेत्र में सराहनीय कार्य किया।

1882ई0 में स्वर्णकुमारी देवी के विज्ञान विषयक निबंधों का संग्रह 'पृथिवी' प्रकाशित हुआ जो उनके पिता देवेंद्रनाथ टैगोर को समर्पित था। यह पुस्तक पृथ्वी के विकास को आरंभ से लेकर तत्कालीन समय तक विस्तृत रूप में व्याख्यायित करती है। 'पृथिवी' में जो निबंध प्रकाशित हुए उनमें उपक्रमणिका–विज्ञान शिक्षा; सौर परिवार का ग्रह–पृथ्वी; पृथ्वी की गति; पृथ्वी की उत्पत्ति; भू–स्तर; भूगर्भ एवं पृथ्वी का भविष्य इत्यादि प्रमुख निबंध थे। अपने निबंध

'विज्ञान शिक्षा' में ही उन्होंने विज्ञान की आगमनात्मक एवं निगमनात्मक पद्धतियों को व्याख्यायित किया एवं साथ ही उनमें अंतर को भी स्पष्ट किया। अपने इन निबंधों में उन्होंने विज्ञान के अत्यंत गूढ़ शब्दों के प्रयोग से परहेज करते हुए खगोल विज्ञान एवं भूगर्भशास्त्र से संबंधित जटिल विषयों–सौर व्यवस्था, आकाशगंगा एवं सौर परिवार के सदस्य पृथ्वी की उत्पत्ति, प्रकृति एवं संगठन इत्यादि का हस्तनिर्मित आकृतियों, टिप्पणियों एवं स्पष्ट विश्लेषणों के माध्यम से अविशेषज्ञ पाठकों के लिए इस प्रकार व्याख्यायित किया ताकि विज्ञान के तथ्यों का ज्ञान साधारण पाठकों को भी हो सके।

स्वर्णकुमारी देवी ने जो विज्ञान विषयक लेख लिखे वे विज्ञान की विवेचनाओं से बोझिल नहीं थे बल्कि साधारण ढंग से लिखे जाते थे ताकि कम पढ़ा–लिखा एवं अल्पज्ञ भी आसानी से समझ सके, यहां तक कि कठिन विषयों को समझाने के लिए हस्तनिर्मित आकृतियां बनायी जाती थीं। उस समय देशी भाषाओं में वैज्ञानिक शब्दावली का नितांत अभाव था और इस कारण उन्हें बॅगला भाषा में अंग्रेजी भाषा के समानार्थी विज्ञान विषयक शब्दावली को खोजने एवं प्रयोग करने के लिए काफी उद्योग करना पड़ता था और उन्होंने ऐसा किया भी। शब्दों के प्रयोग के संदर्भ में उनका विश्वास था कि ऐसे शब्दों का प्रयोग होना चाहिए जो जनता की ज़बान पर चढ़े हुए हों क्योंकि जो सबसे उपयुक्त होगा वहीं अस्तित्व में रहेगा (The fittest shall survive)। वे प्रथम भारतीय महिला थीं जिन्होंने बिना व्यवस्थित शिक्षा एवं प्रशिक्षण के भारतीय भाषाओं में वैज्ञानिक शब्दावली को विकसित करने, प्रयोग करने एवं उसे लोकप्रिय बनाने का प्रयास किया।

स्वर्णकुमारी देवी ने अपने विज्ञान विषयक लेखों के माध्यम से न केवल पुरुषों वरन् समाज की आधी आबादी महिलाओं को भी जागरुक करने एवं उनसे वैज्ञानिक दृष्टिकोण अपनाने का अनुरोध किया। उस दौरान महिलायें विज्ञान विषयों को पढ़ने एवं लिखने के योग्य नहीं समझी जाती थीं। उस नवजागरणकाल में तो क्या, देश की आजादी के बाद भी महिलायें विज्ञान विषयों की तरफ कम ही ध्यान देती थीं और विज्ञान विषयों से दूर ही रहती थीं। यह बात नितांत सत्य है कि बिना महिलाओं की सहायता के किसी भी देश का विकास नहीं हुआ और स्वर्णकुमारी देवी ने उस नवजागरणकाल में ही महिलाओं को अंधविश्वासों से दूर रहने एवं वैज्ञानिक दृष्टिकोण अपनाने का सुझाव दिया था।

स्वर्णकुमारी देवी के विज्ञान–लेखन की एक अति महत्वपूर्ण विशेषता उसका अत्यधिक अध्ययन के बाद लिखा जाना था जिससे वह सरल हो जाय और आम आदमी भी उसे आसानी से समझ सके। उदाहरण के लिए 'पदार्थ की चतुर्थ अवस्था या किरंत पदार्थ' नामक अपने लेख में उन्होंने पदार्थों का वर्गीकरण करते हुए लिखा ''जगत के यावत् पदार्थ को कठिन, तरल और वाष्पमय इन्हीं तीनों में से किसी न किसी अवस्था में हम देखते हैं। अब तक वैज्ञानिक लोग भी पदार्थ को अवस्था संबंध में इससे अधिक कुछ नहीं जानते थे संप्रति

वैज्ञानिक पंडित क्रूक्स ने पदार्थों की चतुर्थ अवस्था आविष्कार किया है।' वह क्या है? उसका निष्कर्ष इन शब्दों में लिखा कि 'आज तक किसी वायु निष्कासन यंत्र से शीशे के नल को बहुत वायु विरल नहीं कर सकते थे–क्रूक्स साहब ने जो नई उपाय निकाली उससे यह हुआ कि कोई नल हो उसमें से पहले की अपेक्षा वायु अब अधिक निकाली जा सकती है और इसी उपाय से एक शीशे के नल में वायु–अणु की संख्या इतनी कम की जा सकती है कि उस अवस्था में शीशे के भीतर के अणुओं के विकम्पन पथ केवल नेत्रादि द्वारा स्पष्ट अनुभूत ही नहीं होते हैं बल्कि नापे भी जा सकते हैं–अणुओं की ऐसी ही दूर–दूर स्थित अवस्था को ही पदार्थ की चतुर्थ अवस्था कहते हैं और उसी को किरंत पदार्थ (Radiant Matter) भी कहते हैं। किरंत पदार्थ इस स्थान में किरणमय के अर्थ में नहीं आया है–चतुर्थ अवस्था के पदार्थ कई एक विशेष नियम से अपने को विकिरण करते हैं, इसी विकिरण से क्रूक्स ने इसका नाम किरंत अर्थात् वैकिरण रखा है।''

स्वर्णकुमारी देवी का विज्ञान संचारक के रूप में एक अन्य महत्वपूर्ण कार्य रामेंद्र सुंदर त्रिवेदी की रचना 'प्रकृति' की समालोचना थी। रामेंद्र सुंदर त्रिवेदी (1864–1919ई0) बंगाल के एक प्रसिद्ध विज्ञान लेखक एवं संचारक थे। उन्होंने लोकप्रिय विज्ञान एवं विज्ञान दर्शन पर काफी लेखन कार्य किया था। बंगीय साहित्य परिषद के विकास में भी उनका महत्वपूर्ण योगदान था। उन्होंने 'जिग्मासा' एवं 'प्रकृति' नामक प्रसिद्ध विज्ञान विषयक पुस्तकें लिखा था। स्वर्णकुमारी देवी ने उनकी कृति 'प्रकृति' पर सुंदर समालोचना लिखी जो कि उस समय काफी चर्चित हुई थी। चर्चित होने के संदर्भ में महत्वपूर्ण बात यह थी कि रामेंद्र सुंदर त्रिवेदी जैसे विद्वान एवं विज्ञान विशेषज्ञ व्यक्ति की रचना पर एक अल्पज्ञ, अप्रशिक्षित एवं विषय का विशेषज्ञ न होते हुए भी एक महिला का अत्यंत बेजोड़ एवं निर्भीक समालोचना करना था।

राष्ट्रनिर्माण में विज्ञान के महत्व को समझने वाले भारतीयों में स्वर्णकुमारी देवी का भी महत्वपूर्ण स्थान था। 1905ई0 में हुए बंगाल विभाजन एवं उसके उपरांत उपजे 'स्वदेशी एवं बहिष्कार आंदोलन' में उन्होंने सक्रिय रूप से भाग लिया। उन्होंने महिला शिक्षा, स्वदेशी वस्तुओं के प्रचार एवं विज्ञान के विकास का नारा बुलंद किया। उनका यह दृढ़ विश्वास था कि यदि भारत में विज्ञान का विकास नहीं किया जायेगा तो सच्चे राष्ट्र का विकास कभीं भी संभव नहीं होगा। उनका यह भी मानना था कि विज्ञान विषयक प्रशिक्षण की कमी के कारण हम पाश्चात्य लोगों से बहुत से विषयों में पिछड़ रहे हैं और गरीबी उन्नति के मार्ग में प्रमुख बाधा है और इसके उन्मूलन का एकमात्र उपाय विज्ञान ही है। उन्होंने यह स्पष्ट मत प्रचारित किया कि जिस दिन हम विज्ञान में उन्नति कर लेंगे उस दिन हम निश्चित रुप से सभीं क्षेत्रों में उन्नति कर लेंगे।

स्वर्णकुमारी देवी के कार्यों का अवलोकन करने से यह स्पष्ट होता है कि उन्होंने साधारण साहित्य के साथ ही वैज्ञानिक साहित्य की भी उन्नति की और उसे जनसाधारण की

भाषा में प्रचारित किया। बिना व्यवस्थित शिक्षा एवं प्रशिक्षण के उस युग में उन्होंने जो कार्य किया वह विज्ञान के इतिहास में हमेशा के लिए अंकित हो गया। उन्होंने महिलाओं की शक्ति को उभारकर दिखलाया और उनकी क्रियात्मक शक्ति को सम्मानपूर्ण स्थान प्रदान किया। उनके कार्यव्यापारों की समालोचना करते हुए ब्रजेंद्रनाथ बन्दोपाध्याय ने अपनी कृति 'साहित्य–साधक–चरितमाला' में लिखा कि "एक स्वाध्यायी महिला स्वर्णकुमारी देवी ने, जिनको न तो व्यवस्थित शिक्षा मिली थी और न ही वैज्ञानिक प्रशिक्षण, शायद बंगाली महिलाओं में वैज्ञानिक निबंध लिखने वाली प्रथम महिला थीं।" देशबंधु चित्तरंजन दास ने उन्हें 'राष्ट्र के महान निर्माताओं' के रूप में' उल्लेखित किया। कलकत्ता विश्वविद्यालय ने उनकी सेवाओं के लिए उन्हें 1927ई0 में प्रसिद्ध 'जगत्तारिणी स्वर्ण पदक' प्रदान किया। निःसंदेह स्वर्णकुमारी देवी नवजागरणकालीन भारत की एक महान महिला विज्ञान संचारक थीं।

4. विज्ञान संचारकों की प्रेरणास्रोत : आनंदीबाई जोशी

"जो कोई इस सनदको पढ़ेंगे उन सबों को
हमारी प्रणतिपूर्वक
यह प्रार्थना है कि स्त्रियों को वैद्यविद्या संबंधी कलाका
सम्यक्ज्ञान करा देने के लिए स्थापित
पेंसिलवेनियां भिषग्विद्यालय के हम
सभापति और अध्यापकजन सब मिलकर इस सनद के द्वारा
यह प्रमाणित करते हैं कि भारतवर्ष से यहां आई हुई
श्रीमती आनंदीबाई जोशीने
डॉक्टर ऑफ मेडिसिन की पदवी प्राप्त कर लेने के लिए यथा–
शास्त्र और यथानीति जो ज्ञान आवश्यक है, उसके संपादनार्थ उन्होंने हम
लोगों के साथ अंतःकरण से परिश्रम किये हैं; और यहां की परीक्षक मंडली
की परीक्षा में सर्वानुमति से उत्तीर्ण हो गयी हैं। अतएव हम उन्हें रोग–
निवारण की कलामें पूर्ण विशारद समझकर **डॉक्टर ऑफ मेडिसिन** "भिषग्विद्यापारंगता"
की पदवी प्रदान करते हैं और यह निश्चित करते हैं कि
वे इस बहुमान के लिए अत्यंत योग्य हैं। इसी प्रकार इस एम्. डी. उपाधि
के धारण करने वालों को यहां तथा अन्यत्र जो अधिकार और स्वतंत्रता
होती है वह हम सबने इनको अर्पण की है।
उक्त कार्य को दृढ़ करनेके हेतु हमारे विद्यापीठ की मुहरछाप से अंकित
और हमारे सबों के हस्ताक्षरों से युक्त, यह सनद ही साक्षीभूत रहे।
फिलाडेल्फिया के विद्यालयके श्रेष्ठ मंदिरमें ता0 11 मार्च सन्
1886 ईसवी को यह सनद अर्पण की गई।"

यह उस सनद (सार्टिफिकेट) का हिंदी अनुवाद है जो बहुत ही सम्मानपूर्वक भारत की प्रथम महिला एम0 डी0 आनंदीबाई जोशी को 11 मार्च, 1986ई0 को प्रदान की गयी थी। यह डिग्री प्राप्त करने वाली वह न केवल प्रथम भारतीय बल्कि प्रथम दक्षिण एशियाई महिला भी थीं। उस नवजागरण काल में भारत की सामाजिक–धार्मिक रूढ़ियों एवं प्रथाओं को तोड़ते

हुए तथा अनेक दुःखों एवं विपत्तियों को सहते हुए भी चिकित्सक बनने के अपने उद्देश्य की प्राप्ति के लिए मात्र 19 वर्ष की अवस्था में वे अकेली अमेरिका को गयीं और वहां जाकर अपनी मेहनत, व्यवहार और कार्यों द्वारा न केवल अपने उद्देश्य की प्राप्ति की बल्कि अमेरिका में भारतीय रीति–रिवाज एवं संस्कृति का स्वामी विवेकानंद से पूर्व ही प्रचार कर एक कीर्तिमान स्थापित किया था। अल्पावस्था में ही उन्होंने ऐसी उपलब्धि अर्जित की थी कि वे विज्ञान संचारकों के लिए प्रेरणा–स्रोत बन गयी थीं।

जन्म एवं बाल्यावस्था :

आनंदीबाई का जन्म 31 मार्च, (रामनवमीं) 1865ई0 को महाराष्ट्र के कल्याण कस्बे में एक साधारण जमींदार दाक्षिणात्य ब्राह्मण पं0 गणपतराव अमृतेश्वर जोशी की दूसरी पत्नी से हुआ था। इनके बचपन का नाम यमुना था। यमुना बचपन से ही खेल–कूद में निपूर्ण और बहुत ही हठीले स्वभाव की थी और अपनी सहेलियों की मंडली में श्रेष्ठता रखती थी। बिना रोये और मार खाये वह कभीं विद्यालय नहीं गई परंतु वह बहुत उद्यमी और बुद्धिमान भी थीं इसी कारण पढ़ना लिखना बहुत जल्दी सीख गयी थीं।

विवाह एवं जीवन में क्रांतिकारी परिवर्तन :

उनका विवाह नौ साल की अल्पायु में उनसे करीब 20 साल बड़े पं0 गोपालराव से, जिनकी पहली पत्नी का देहांत हो गया था, हो गया जो संगमनेर के रहने वाले थे और ठाणा में पोष्टमास्टर थे। विवाह के पूर्व ही पं0 गोपालराव ने यमुना के माता पिता से आग्रहपूर्वक यह संधि कर ली थी कि ''विवाह के पश्चात् मैं अपनी पत्नी को जिस प्रकार चाहूँगा पढ़ाऊँगा; इस विषय में मायके वालों को फिर कुछ विवाद नहीं करना चाहिए'' विवाह के पश्चात् गोपालराव ने अपनी नूतन पत्नी का नाम ''आनंदीबाई'' रखा। 14 वर्ष की उम्र में ही आनंदीबाई माँ बनीं और उनकी संतान की मृत्यु उसके जन्म के 10 दिनों बाद ही हो गई

जिसका उन्हें बहुत बड़ा आघात लगा और उन्होंने यह प्रण किया कि **'वह एक दिन डॉक्टर बनेंगी और ऐसी असमय मौत को रोकने का प्रयास करेंगी'** जिसे उन्होंने पूरा किया।

अमेरिका जाने का निश्चय :

विवाह के थोड़े दिनों बाद से ही गोपालराव ने आनंदीबाई को पढ़ाना आरंभ किया और दो वर्ष के अंदर ही उन्हें मराठी भाषा, भूगोल, व्याकरण, महाराष्ट्र के इतिहास और गणित विषयों का अच्छा ज्ञान हो गया। गोपालराव ने अंग्रेजी पढ़ने के लिए आनंदीबाई को पादरियों के स्कूल में भेंजा और पादरी लोगों के साहचर्य से एक लाभ यह हुआ कि उन्हें अमेरिका के विषय में बहुत सी बातें मालूम हो गयीं और अपने देश की प्रतिकूल स्थिति को देखकर गोपालराव ने यह निश्चित कर लिया कि आनंदीबाई को स्वतंत्रता प्रिय देश अमेरिका भेजना चाहिए।

गोपालराव का योगदान :

वास्तव में आनंदीबाई को डां0 आनंदीबाई बनाने वाले पं0 गोपालराव ही थे। यद्यपि वे एक ग्रामीण पोष्ट ऑफिस के पोष्टमास्टर थे, फिर भी वे एक उच्च आदर्शवाले, पतिधर्म को समझने वाले, स्त्री शिक्षा के पक्षधर तथा अपने विचारों को निर्भय होकर कार्यरूप में परिणत करने वाले व्यक्ति थे। आनंदीबाई को अच्छी शिक्षा प्रदान करने के लिए ही उन्होंने अपना स्थानांतरण ठाणा से अलीबाग, अलीबाग से कोल्हापुर; कोल्हापुर से बंबई; बंबई से भुज; भुज से श्रीरामपुर (कलकत्ता) करवाया और फिर वहां से देशांतर भी किया। गोपालराव जहां भी गये आनंदीबाई को शिक्षित करने के कारण उन्हें हमेशा अपमान और निंदा ही मिली। कोल्हापुर के पादरी मि0 गुहिन के माध्यम से अमेरिका में रहने वाले मि0 वाइल्डर को जो पत्र उन्होंने भेंजा था उसमें उनका स्त्रीशिक्षा विषयक विचार दर्शनीय था जिसमें उन्होंने लिखा था कि "जबसे मुझे स्वतंत्रता से विचार करने की शक्ति आयी तबसे मुझे स्त्री शिक्षा विषय में प्रीति उत्पन्न हुई है। मेरा नित्य यही मत दृढ़ होता जाता है कि उन्नत पद को पहुँचने वाले देशों में भारतवर्ष की गणना होने के लिए स्त्री शिक्षा की अत्यंत आवश्यकता है। अतएव मैं अपनी पत्नी को सुशिक्षा देना अपना प्रथम कर्तव्य समझता हूँ। यदि उसे विद्या प्राप्त हो गई तो वह अपनी स्वदेश भगिनीजन को विद्या का लाभ पहुँचा सकेगी।"

प्रथम सहायता और अमेरिका गमन :

कलकत्ता में रहने वाले अमेरिकी मूल के पादरी डॉ0 थाबर्न की पत्नी के साथ आनंदीबाई का अमेरिका जाने का निश्चय हुआ और दोनो देशों के समाचारपत्रों में इस बात की चर्चा होने लगी। इस बात को लेकर आनंदीबाई के सामने कई विकट सामाजिक–धार्मिक प्रश्न उपस्थित हो गये और इन प्रश्नों का उत्तर देने के लिए श्रीरामपुर कालेज में रे0 समर की अध्यक्षता में दो सभा की गयी जिसमें आनंदीबाई ने अमेरिका जाने के अपने उद्देश्यों से

संबंधित दो व्याख्यान अंग्रेजी भाषा में दिया था और इन बिंदुओं पर अपने विचार रखे थे–मैं अमेरिका क्यों जाती हूँ? क्या यहां अभ्यास के साधन नहीं हैं? मैं अकेली ही क्यों जाती हूँ? वहां से लौटने पर जाति बहिष्कार तो नहीं होगा? मैं घोर विपत्ति में क्या करूँगी? आज तक किसी स्त्री ने जिस काम को नहीं किया उसे करने को मैं क्यों उद्यत हो रही हूँ? और अंत में उन्होने निष्कर्ष रूप में कहा था कि ''भारतवर्ष में हिंदू स्त्री–वैद्यों का बड़ा अभाव है। स्त्रियों को भिषक्विद्या का परिज्ञान हिंदुस्तान में होना असंभव है; अर्थात् मेरा अमेरिका जाना अत्यावश्यक है।'' इस निश्चय को जानकर भारत के डॉक विभाग के डाइरेक्टर जनरल ने आनंदीबाई को 100 रु0 की नोट सहायतार्थ भेजी थी।

7 अप्रैल, 1883ई0 को आनंदीबाई 'सिटी ऑफ कलकत्ता' नामक जहाज से कलकत्ता से न्यूयार्क के लिए रवाना हुईं और 18 जून, 1883ई को क्विंसटाउन, मारीलैंड की धरती पर उतरीं। अमेरिका की धरती पर कदम रखने वाली वे प्रथम ब्राह्मण महिला के साथ ही प्रथम दक्षिण एशियाई महिला भी थीं। गोपालराव को अवकाश न मिलने के कारण उन्होंने आनंदीबाई को अकेले भेजा था और साथ में यह उपदेश दिया था कि ''आज तक ऐसा सुनने में नहीं आया है कि कोई ब्राह्मण स्त्री परद्वीप को गई हो। तुम अमेरिका जाकर औरों के लिए आदर्श स्वरूप बन जाओ। लोगों का कहना है कि स्त्रियां दुर्बल होती हैं। इसीलिए हमारे देश में स्त्रियों को ''अबला'' कहने की चाल पड़ गई है। क्या तुम इस कथन को अपने उदाहरण से असत्य सिद्ध नहीं कर सकती हो? इससे आर्य स्त्री का नाम अवश्य दोषमुक्त हो जायेगा! तुम अपने रीति–रिवाज और चालचलन में रत्तीभर फर्क़ न करके अपने देश की रीति के विषय में अमेरिका के निवासियों में आदरभाव उत्पन्न करो।'' आनंदीबाई ने अमेरिका जाकर अपने पति के उपदेश का अक्षरशः पालन किया था।

रासेल, न्यूजर्सी की रहने वाली एक अत्यंत ही सभ्य महिला थियोडिसिया कार्पेंटर (Theodicia Carpenter), जिनसे आनंदीबाई का अमेरिका जाने से पहले ही पत्र द्वारा संपर्क स्थापित हो चुका था और जिन्हें वे कार्पेंटर मौसी कहती थीं, ने उन्हें अपने घर मे शरण दी और अपनी बेटी की तरह रखा। आनंदीबाई इतनी सुहावनी और मनोहारिणी थीं कि कार्पेंटर मौसी के घर में उनका नाम **''आनंद निर्झर''** (Spring of Happiness) रखा गया था।

वुमेंस मेडिकल कालेज पेंसिलवेनियां में प्रवेश :

अमेरिका के कई विश्वविद्यालयों के अधिकारीगण आनंदीबाई को अपने यहां प्रवेश देने के लिए उत्सुक थे। फिलाडेल्फिया विश्वविद्यालय में 'वुमेंस मेडिकल कालेज पेंसिलवेनियां' की डीन राशेल एल0 बाडले (1831–1888ई0) ने भी आनंदीबाई को अपने यहां प्रवेश लेने का आग्रह किया, जिसे स्वीकार करते हुए वे 29 सितंबर, 1883ई0 को कार्पेंटर मौसी के साथ पेंसिलवेनिया पहुँचीं जहां डीन बाडले महोदया ने 500 लोगों के बीच उनका भव्य स्वागत

किया था। प्रवेश परीक्षा में उत्तीर्ण होकर 4 अक्टूबर, 1883ई0 को उन्होंने कालेज में प्रवेश लिया। आनंदीबाई अपनी पढ़ायी छोड़कर शायद ही कहीं इधर उधर जाती थीं, फिर भी अमेरिका में उनके उदात्त विचारों का दिनोंदिन प्रचार होने लगा और लोग उन्हें व्याख्यान देने के लिए आमंत्रित करते थे। उनके व्याख्यान के दौरान लोग उनसे अनोखे प्रश्न करते जैसे, "तुम्हारे देश में स्त्रियां बहुत हैं या नहीं, हम सुनते हैं कि वहां लड़की को जन्म लेते ही उसे मार डालते हैं। तुम्हारे देश में स्त्रियां पुरुषों की अपेक्षा बहुत कम होंगी" इत्यादि इत्यादि। ऐसे प्रश्नों का उत्तर सुनकर वे दुःखी हो जाती थीं और व्याख्यान रूप में उन प्रश्नों का उत्तर देती। एक बार बाल विवाह पर उन्होंने ऐसा उत्तम व्याख्यान दिया था कि उन्हें 17 डालर मुद्रा पारितोषिक मिली थी।

अपनी स्नातक शिक्षा के दौरान उन्होंने रसायनशास्त्र (Chemistry), प्राणीगुणधर्मविद्या (Physiology), शरीरविच्छेद विद्या (Anotomy) और भेषज (Materia Medica) विषय लिया था। बर्फ पर चलने फिरने का अभ्यास न होने के कारण कालेज के निकट ही उनके रहने का प्रबंध किया गया। पत्थर के कोयले पर वे अपना भोजन भी स्वयं ही बनाती थीं। कोयले के धुँएं से वे बीमार होने लगीं तिस पर भी कालेज जाना कभीं नहीं छोड़ती, यहां तक कि कभीं–कभीं बिना भोजन किये ही चली जाती थीं। एम0 डी0 डिग्री के लिए उन्होंने जो प्रबंध (Thesis) का विषय चुना था उसका शीर्षक था **"Obstetrics among the Aryan Hindoos"** और उन्होंने उसे पूरी लगन से पूरा किया था। उस समय उनकी एम0 डी0 डिग्री की फीस $325.50 थी।

11 मार्च, 1886ई0 को आनंदीबाई को **"डॉक्टर ऑफ मेडिसिन"** की डिग्री प्रदान की गयी। उस दिन जैसा सम्मान उनका किया गया वैसा विश्वविद्यालय में किसी का नहीं किया गया जिसकी साक्षी खुद पंडिता रमाबाई, जिन्हें डीन बाडले से अपने खर्च से अमेरिका बुलवाया था, थीं। 16 अप्रैल, 1886ई0 को चिकित्सा संबंधी व्यवहारिक ज्ञान प्राप्त करने के लिए आनंदीबाई न्यू इंग्लैंड गयीं और चार महीने तक एक औषधालय में रहकर औषधियों के प्रयोग का अभ्यास किया।

अमेरिका में भारतीय रीति–रिवाज एवं संस्कृति का प्रचार :

अमेरिका में रहकर आनंदीबाई ने अमेरिकियों में भारतीय आचार विचार और रीति–रिवाज के प्रति प्रेम उत्पन्न कराने का महत्वपूर्ण कार्य किया। पाश्चात्य देशों में हाथ से भोजन करना असभ्य समझा जाता है। उन्होंने अमेरिका के लोगों को मेज कुर्सी की जगह जमीन पर बैठकर थाली और तस्तरियों की जगह वटवृक्ष के पत्तों की बनी गोल पत्रावली पर छुरी कांटे की जगह हाथ से भोजन करना सिखलाया। उन्होंने अमेरिकी महिलाओं को साड़ी पहनना और सौभाग्य सूचक चिन्ह धारण करना सिखलाया। स्वयं *कार्पेंटर मौसी* ने लिखा था कि *'हम दिन पर दिन हिंदू बनती जाती हैं।'* उनके प्रयास का ही फल था कि महिलाओं में

घर में साड़ी पहनने का शौक हो गया था और बच्चों की गुड़िया भी साड़ी पहनने लगी थीं। उन्होंने वहां की महिलाओं के नाम बदलकर भारतीय नाम रख दिया था, जैसे हेलेना का नाम तारा, मि0 स्टुअर्ट का सगुणा, एमी का प्रमिला और मौसी तो मासी हो गयीं। उनके विचारों का ऐसा प्रभाव स्थापित हो गया था कि वहां पर लोग प्रातःकाल उठकर 'गुडमार्निंग' की जगह "नमस्कार" कहने लगे थे।

ईसाई बनाने का षणयंत्र :

जबसे आनंदीबाई अंग्रेजी पढ़ने के लिए ईसाईयों के संपर्क में आयीं अथवा उनके विद्यालय में जाने लगीं थीं तभी से उन्हें ईसाई बनाने का षणयंत्र किया जाने लगा। अमेरिका जाते समय जहाज पर भी उन्हें अनेक यातनाएं दी गयीं और उनके धर्मांतरण का प्रयास किया गया, पर वे अपने धर्म पर अडिग रहीं। अमेरिका में भी लोगों ने उनके धर्मांतरण का प्रयास किया था पर वे आनंदीबाई को विचलित नहीं कर सके। उन्हीं की समकालीन महाराष्ट्र की ही महिला पं0 रमाबाई, जिन्हें अंग्रेजी का अच्छा ज्ञान था और संस्कृत भाषा में निपुणता के कारण उन्हें "पंडिता" की पदवी मिली थी, ने ईसाई धर्म ग्रहण कर लिया था, पर वही दूसरी तरफ आनंदीबाई ने अमेरिका जैसे देश में अकेली रहते हुए भी उल्टा अमेरिकियों को भारतीय रीति–रिवाज एवं संस्कृति सिखलाकर स्वामी विवेकानंद से पूर्व ही उन्हें भारतीयता के रंग में रॅगने का कार्य किया था।

भारत वापसी एवं मृत्यु :

13 नवंबर, 1886ई0 को आनंदीबाई बंबई बंदरगाह पर उतरीं जहां उनका एक नायिका की भांति भव्य स्वागत किया गया। उन्हें कोल्हापुर के 'अलबर्ट एडवर्ड अस्पताल' में महिला विभाग के मुख्य चिकित्सक पद पर नियुक्त किया गया किन्तु वे अक्सर बीमार रहती थीं। फिलाडेल्फिया जैसी ठंढ़ी जगह में अव्यवहारिक भोजन और वस्त्र धारण की रुढ़िवादिता के कारण उन्हें क्षयरोग हो गया था और भारत आने के बाद 26 फरवरी, 1887ई0 को मात्र 22 वर्ष की उम्र में उनकी मृत्यु हो गयी। भारतवर्ष में जो कुछ अद्वितीय स्त्री और पुरुष उत्पन्न हुए और जिन्हें कराल काल ने अल्पावस्था में ही अचानक इस लोक से उठा लिया उन सबों में अत्यंत ही करुणामय उदाहरण डॉ0 आनंदीबाई जोशी का है।

आनंदीबाई के साथ जुड़े कुछ ऐतिहासिक तथ्य :

आनंदीबाई के साथ एक संयोग यह जुड़ा है कि जिस समय उन्हें एम0 डी0 की डिग्री मिली उसी समय एशिया के ही दो अन्य देशों की दो महिलाओं को भी यही डिग्री मिली। उनमें से प्रथम थीं जापान के टोकियो नगर की कीको ओकामी (Keiko Okami) तथा दूसरी थीं सीरिया के दमिश्क नगर की रहने वाली तबात एम0 इस्लाम्बूली (Tabat M. Islambooly) और ये दोनों ही उनकी सहपाठी थी और वे भी विदेश जाकर एम0 डी0 की डिग्री प्राप्त करने वाली अपने देश की प्रथम महिलाएं थीं। आनंदीबाई जोशी के साथ एक

संयोग यह भी जुड़ा है कि जिस वर्ष (1886ई0) उन्हें एम0 डी0 की डिग्री मिली उसी वर्ष कादंबिनी गांगुली (18 जुलाई, 1861–3 अक्टूबर, 1923ई0), जिन्हें भारत की प्रथम महिला स्नातक होने का गौरव प्राप्त है, को भी डॉक्टरी की डिग्री मिली थी। कादंबिनी गांगुली ने यह डिग्री 'कलकत्ता मेडिकल कालेज' से प्राप्त की थी परंतु आनंदीबाई ने विदेश जाकर डॉक्टरी की डिग्री प्राप्त कर एक मिसाल कायम की थी फिर भी जो सम्मान कादंबिनी गांगुली को मिला वह ऐतिहासिक रूप से आनंदीबाई जोशी को नहीं मिला।

सम्मान :

आनंदीबाई पहली भारतीय महिला थीं, जिन्हें एम0 डी0 की डिग्री मिली थी। इस उपलक्ष्य में ब्रिटेन की महारानी विक्टोरिया ने उन्हें तथा वुमेंस मेडिकल कालेज पेंसिलवेनियां को अपना बधाई संदेश भेंजा था। केशरी नामक पत्र के विख्यात संपादक पं0 बालगंगाधर तिलक ने भी उन्हें बधाई संदेश भेंजा था जिसमें उन्हें 'उस समय की महानतम् महिलाओं में से एक' की संज्ञा दी थी और उनके सहायतार्थ 100 रु0 भेंजने की इच्छा प्रकट की थी। महाराष्ट्र सरकार ने उनके नाम को चिरस्थायी बनाने के लिए एक 'डॉ0 आनंदीबाई जोशी अध्येतावृत्ति' स्थापित कर रखी है जो महिलाओं के स्वास्थ्य के लिए काम करने वाली नवयुवतियों को प्रदान किया जाता है। लखनऊ की एक गैर सरकारी संगठन 'दि इंस्टीट्यूट फॉर रिसर्च ऐंड डॉक्युमेंटेशन इन सोशल साइंसेज'' नवजागरणकाल में भारत में चिकित्सा विज्ञान के उत्थान में किये गये उनके योगदान की स्मृति में ''आनंदीबाई पुरस्कार' प्रदान करती है। दूरदर्शन चैनल ने भी आनंदीबाई के जीवन पर आधारित ''आनंदीगोपाल'' नामक एक हिंदी धारावाहिक का प्रसारण किया था जिसे कमलाकर सारंग ने निर्देशित किया था। निःसंदेह डॉ0 आनंदीबाई जोशी का जीवन एवं उनके कार्य दोनो ही महान और स्मरणीय थे और उस युग में तो वह लोगों की प्रेरणास्रोत थी हीं, आज भी जो कोई उनके जीवन एवं कार्यों को पढ़ेगा, वह भी उससे प्रेरित हुए बिना नही रह सकता है।

5. हिंदी में विज्ञान लेखन की प्रगति एवं उसका स्वरूप

हिंदी में विज्ञान लेखन का आरंभ आधुनिक भारत की एक बहुत ही महत्वपूर्ण घटना थी। हिंदी में विज्ञान–लेखन का आरंभ 19वीं सदी के पूर्वार्द्ध से होता है परंतु इसने तीव्रता 19वीं सदी के उत्तरार्द्ध में ग्रहण की। पाश्चात्य सभ्यता एवं संस्कृति से संपर्क के स्वरूप भारतीयों ने सब उन्नतियों के मूल विज्ञान को भॅलीभॉति जाना और उसे लोकभाषा हिंदी में लिखकर आम जनता तक पहुॅचाने का कार्य किया जिससे कि साधारण पढ़ा–लिखा आदमी भी उसे आसानी से जान सके और उससे अपनी एवं अपने देश की उन्नति कर सके।

उपलब्ध साक्ष्यों से ज्ञात होता है कि हिंदी भाषी क्षेत्र में विज्ञान–लेखन का आरंभ 1840ई0 से आरंभ होता है। हिंदी भाषी क्षेत्र में विज्ञान–लेखन का जो क्रम आरंभ हुआ, उस संदर्भ में तीन बातें विशेष उल्लेख करने योग्य हैं। प्रथम, हिंदी में विज्ञान–लेखन के क्षेत्र में अग्रणी भूमिका ईसाई मिशनरियों की थी। द्वितीय, हिंदी भाषी क्षेत्र में अव्यवस्थित सबसे प्रमुख प्रदेश पश्चिमोत्तर प्रदेश और अवध की राजभाषा तो यद्यपि उर्दू थी परंतु जनता का अधिकांश काम हिंदी भाषा में चलता था और सिंचाई एवं लोकनिर्माण विभागों के लिए ऐसे लोगों की नितांत आवश्यकता थी जो कि हिंदी भाषा भी जानते हों और ज्ञान–विज्ञान से भी परिचित हों। और तृतीय, 1843ई0 का वर्ष इस संदर्भ में एक विभाजक रेखा मानी जाती है क्योंकि इस वर्ष दो ऐसी घटनाएं हुईं जिसने विज्ञान आंदोलन को काफी बल प्रदान किया।

विज्ञान–लेखन के क्षेत्र में अग्रणी भूमिका ईसाई मिशनरियों की थी, इस बात से इंकार नहीं किया जा सकता। यद्यपि मिशनरियों का उद्‌देश्य ईसाईयत का प्रचार और अधिकाधिक भारतीयों को ईसाई बनाना था फिर भी उन्होंने भारतीय भाषाओं में लेखन और प्रकाशन का कार्य आरंभ किया। इस कार्य हेतु भारत के कई भागों में सोसाइटियों की स्थापना की गई जिनमें कलकत्ता स्कूल बुक सोसाइटी (1817ई0), आगरा स्कूल बुक सोसाइटी (1833ई0) और नार्थ इंडिया क्रिश्चियन ट्रैक्ट ऐंड बुक सोसाइटी, इलाहाबाद (1848ई) इत्यादि प्रमुख थीं। इन संस्थाओं से ईसाईयत के अलावा अन्य विषयों की भी पाठ्‌य पुस्तकें, जिनमें विज्ञान विषयक पुस्तकें भी थीं, भारतीय भाषाओं में प्रकाशित हुईं।

हिंदी भाषा में विज्ञान–लेखन का आरंभ मालवा के आष्टा ग्राम निवासी ओंकार भट्‌ट ज्योतिशी के 'भूगोलसार' अर्थात् 'ज्योतिष चंद्रिका' से माना जाता है जो आगरा स्कूल बुक सोसाइटी के लिए आगरे के छापेखाने से दिसंबर, 1840ई0 में प्रकाशित हुई थी। इस ग्रंथ को

लिखने का क्या कारण था, इसको बतलाते हुए ग्रंथकार ने ग्रंथ की भूमिका में बड़ा ही स्पष्ट लिखा है, उन्हीं के शब्दों में "मालव देश में भूपाल प्रदेश के अजंठ, श्रीलान्सिलट् विल्किन्सन् साहिब ने सीहोर छावनी में आज्ञा दी, कि भूगोल विषय में श्रीमद्भागवत, सिद्धान्त शिरोमणि, और जैनमत इत्यादिक और अंग्रेज लोगों के जानने में क्या भेद है, सो इन चारों मत का अंतर निकालो; प्रत्येक में जो ठीक नहीं दृष्ट में आवे उस को वैसा ही लिखो, और जो विद्या, बुद्धि, और गणित से ठीक निकले वह भी लिखो, किसी मत का पक्षपात न करो।। ये बातैं सुन साहिब की आज्ञा को शिरपर धरके आष्टा ग्राम वासी ब्रांह्मण गुजराती औदुंबर जाति ज्योतिषी ओंकार भट्टने सब मतों का विचार करके इस ग्रंथ को आरंभ किया; और नाम इसका भूगोल सार रक्खा।।" आगरा स्कूल बुक सोसाइटी, जिसके सचिव जे0 जे0 मूर थे, के आदेश पर इस पुस्तक का प्रकाशन किया गया था और प्रथम आवृत्ति में इसकी एक हजार प्रतियां प्रकाशित हुई थीं। इस पुस्तक में पुराण और सिद्धांत को कोपरनिकस की ज्योतिष से परीक्षा की गयी है और संपूर्ण पुस्तक गुरु–शिष्य संवाद की परंपरा में प्रश्नोत्तर शैली में लिखी गयी है।

1843ई0 का वर्ष इस क्षेत्र में एक विभाजक रेखा मानी जाती है जिसके दो कारण थे–प्रथम, पश्चिमोत्तर प्रदेश और अवध (वर्तमान उत्तर प्रदेश और उत्तराखंड) की शिक्षा संस्था का नियंत्रण बंगाल से निकलकर प्रांतीय सरकार के हाथ में आया[56] और द्वितीय, इसी वर्ष मातृभाषा के परम हितैषी जेम्स थॉमसन की नियुक्ति पश्चिमोत्तर प्रदेश के लेफ्टिनेंट गवर्नर के रुप में हुई। थॉमसन (1843–53ई0) भी बम्बई के गवर्नर एलफिंस्टन के समान भारतीय जनता के हितैषी थे। बंगाल में सारा जोर शिक्षा का माध्यम अंग्रेजी बनाने पर था पर थॉमसन की शिक्षा योजना मातृभाषा पर आधारित थी। उनके समय की पश्चिमोत्तर प्रदेश की शिक्षा संबंधी एक रिपोर्ट में कहा गया कि 'इस भू–भाग में बंगाल की तरह अंग्रेज अधिक नहीं हैं। जो हैं भी, उनकी माली हालत अच्छी नहीं है। विदेश से भी यहां अंग्रेज कम आते हैं और विदेशी उपकरणें का भी यहां प्रचलन कम है। अतएव, अंग्रेजी के अनुकूल वातावरण का यहां अभाव है।' इस आधार पर थॉमसन ने देशी भाषाओं द्वारा ग्राम शिक्षा की एक विस्तृत योजना बनाई ताकि भूमिकर और लोक निर्माण विभागों के लिए शिक्षित व्यक्ति उपलब्ध कराये जा सकें।

पश्चिमोत्तर प्रदेश और अवध के लेफ्टिनेंट गवर्नर जेम्स थॉमसन मातृभाषा के हितैषी होने के साथ ही ज्ञान–विज्ञान के भी मातृभाषा में ही प्रचार–प्रसार के समर्थक थे, यद्यपि

इसके पीछे ब्रिटिश सरकार का हित भी छिपा था। जेम्स थॉमसन ने रुढ़की में एक सिविल इंजिनियरिंग कालेज खोलने का प्रस्ताव रखा और 1847ई0 में यह कालेज खुल भी गया। कालेज की अनिवार्यता और सरकार का हित कितना महत्वपूर्ण था, इस बात का अंदाजा इसी से लगाया जा सकता है कि कालेज तो 1847ई0 में खोला गया पर सरकारी विभागों में कार्यरत लोगों के प्रशिक्षण का कार्य 1845ई0 से ही यहां आरंभ हो गया था। पश्चिमोत्तर प्रदेश में उन दिनों महाराष्ट्र की तरह जन–शिक्षा का कार्य देशी भाषाओं–हिंदी और उर्दू में चलता था तथा इन भाषाओं में विविध पुस्तकें भी प्रकाशित होती थीं। थॉमसन महोदय ने हिंदी में पाठ्यपुस्तकों हेतु मूल ग्रंथ लिखने या संस्कृत, अंग्रेजी आदि भाषाओं से हिंदी में अनुवाद करने के लिए, जिनमें विज्ञान विषयक पुस्तकें भी थीं; पुरस्कार देने की घोषणा कर रखी थी, के फलस्वरुप जो साहित्य तैयार हुआ वह बहुत उच्चकोटि का नहीं था, किंतु उससे हिंदी प्रदेश में हिंदी में लेखन को बल मिला और इसी बात का प्रभाव था कि पश्चिमोत्तर प्रदेश में अगले 25 वर्षों में जो विज्ञान विषयक पुस्तकें लिखीं गयीं उनमें अधिकांश गणित, पैमाइश और हिसाब से संबंधित थीं। आरंभिक दौर में जो पुस्तकें लिखीं गयीं उनमें से अधिकांश अनुवाद थी, पर कुछ मौलिक पुस्तकें भी लिखी गयीं जिसका उद्देश्य स्कूल के विद्यार्थियों को पाठ्य पुस्तकें उपलब्ध कराना और वैज्ञानिक ज्ञान को जनता की भाषा में जनता तक पहुँचाना था, जैसा कि निम्न ऑकड़ों से स्पष्ट है :

ग्रंथ	ग्रंथकर्ता	प्रकाशन	प्रकाशन वर्ष
ज्योतिष चंद्रिका	ओंकारभट्ट ज्योतिषी	आगरा स्कूल बुक डिपो	1840
पटवारियों का हिसाब	–	आगरा स्कूल बुक डिपो	1846
पदार्थ विज्ञान	–	क्रिश्चियन ट्रेक्टबुक सोसाइटी, कलकत्ता	1846
रसायनप्रकाश प्रश्नोत्तर	बद्रीलाल शर्मा	आगरा स्कूल बुक सोसाइटी	1847
माप प्रबंध	वंशीधर	सिकंदर प्रेस, आगरा	1853
रेखामिति तत्व	कुंजबिहारी लाल	सिकंदर प्रेस, आगरा	1854
सुलभ रसायन संक्षेप	जे0 आर0 वैलेण्टाइन		1856

रेखागणित भाग–1	पं0 मोहनलाल	मेडिकल हॉल प्रेस, बनारस	1859
हिंदी बीजगणित भाग 2	पं0 मोहनलाल	मेडिकल हॉल प्रेस, बनारस	1859
गणित कौमुदी	पं0 लक्ष्मीशंकर मिश्र	लाइट प्रेस, बनारस	1868
पेमाइश की किताब	प्रियानाथ मिश्र	लाइट प्रेस, बनारस	1868
गणित प्रकाश भाग 1	श्रीलाल	लखनऊ	1873
गणित प्रकाश भाग 1	वंशीधर	लखनऊ	1873
बीजगणित	आदित्यराम भट्टाचार्य	गवर्नमेंट प्रेस, प्रयाग	1874
पाटी गणित भाग 1	पालीराम पाठक	नार्मल स्कूल मेरठ	1874
रेखागणित बुक 1	जीवानंद विद्यासागर	संस्कृत कालेज, कलकत्ता	1874
व्यक्त गणित	बापूदेव शास्त्री	मेडिकल हॉल प्रेस, बनारस	1875
सुलभ बीजगणित	कुंज बिहारी लाल	गवर्नमेंट प्रेस, प्रयाग	1875

स्रोत : विज्ञान–परिषद और हिंदी का वैज्ञानिक साहित्य; आर्यभाषा पुस्तकालय का सूचीपत्र

विज्ञान विषयक पुस्तकों के लेखन एवं प्रकाशन में मिर्जापुर की ईसाई मिशनरियों का योगदान भी आरंभिक दौर में काफी महत्वपूर्ण था। 1838ई0 में ही मिर्जापुर में ईसाई मिशनरियों ने 'आरफन प्रेस' नामक मुद्रणालय स्थापित किया था जहां से शिक्षा संबंधी कई महत्वपूर्ण हिंदी पुस्तकें, जिनमें विज्ञान विषयक पुस्तकें भी थीं, प्रकाशित हुईं। इस मुद्रणालय से जो विज्ञान विषयक पुस्तकें प्रकाशित हुई वह अधिकांशतः 1850ई0 के बाद शेरिंग महोदय के संपादन में निकलीं जिनमें 'भूगोल विद्या', भूचरित्र–दर्पण', 'जन्तु–प्रबंध' (1864ई0), 'विद्वान संग्रह', 'मनोरंजक वृतांत' और 'विद्यासागर' इत्यादि उल्लेखीय थीं।

19वीं सदी में हिंदी में विज्ञान–विषयक आरंम्भिक पुस्तकें तो अलग–अलग समयों पर लिखी गयीं जैसे 'ज्योतिष चंद्रिका' (ओंकारभट्ट ज्योतिशी) 1841 ई0 में; 'रसायन प्रकाश' (बद्रीलाल शर्मा) 1847 ई0 में; 'रेखामिति तत्व' (कुंजबिहारी लाल) 1854ई0 में; 'कृषि कौमुदी' (लालप्रताप सिंह) 1856 ई0 में; 'पदार्थ विज्ञान' 1846 ई0 में; 'सुलभ बीजगणित' (कुंजबिहारी लाल) 1875 ई0 में; 'सरल त्रिकोणमिति' (पं0 लक्ष्मीशंकर मिश्र,) 1873 ई0 में; 'निर्माण विद्या' (बाबू नवीनचंद्र राय) 1882ई0 में; 'गति विद्या' (पं0 लक्ष्मी शंकर मिश्र,) 1885 ई0 में; औद्योगिक

विज्ञान 1886 ई0 में और वनस्पतिशास्त्र 1890 ई0 में इत्यादि। 1843ई0 के बाद यह क्रम तेजी से चला जिसका उद्‌देश्य पाडित्य प्रदर्शन न होकर स्कूल के विद्यार्थियों को पाठ्य पुस्तकें उपलब्ध कराना और वैज्ञानिक ज्ञान को आम जनता की भाषा में जनता तक पहुँचाने का प्रयास करना था।

1870ई0 का वर्ष इस दृष्टि से काफी महत्वपूर्ण माना जाता है। इस वर्ष पं0 लक्ष्मीशंकर मिश्र (1849 ई0–1906 ई0) की नियुक्ति बनारस संस्कृत कालेज में गणित के प्रोफेसर पद पर हुई और बाद में वे भैतिक विज्ञान के भी प्रोफेसर नियुक्त हुए। उन्होंन 'गणित कौमुदी' चार भागों में; 'पदार्थ विज्ञान विटप', 'प्राकृतिक भूगोल चंद्रिका', 'वायुचक्र विज्ञान', 'स्थिति विद्या' 'गतिविद्या' और 'सरल त्रिकोणमिति' आदि कई पुस्तकें हिंदी में लिखकर एक बहुत बड़े अभाव की पूर्ति की। मिश्रजी का हिंदी में लेखन कार्य कितना महत्वपूर्ण था इस बात का अंदाजा इसी से लगाया जा सकता है कि 'सरल त्रिकोणमिति' नामक पुस्तक की महत्ता और उत्तमता पर प्रसन्न होकर पश्चिमोत्तर प्रदेश के छोटे लाट सर विलियम म्योर ने मिश्रजी को एक हजार रुपये का पारितोषिक दिया था।

6. विज्ञान संचार में हिंदी सेवी संस्थाओं की भूमिका

आधुनिक भारतीय इतिहास को दशा एवं दिशा देने में विज्ञान की महत्वपूर्ण भूमिका रही है। भारत में अंग्रेजी राज की स्थापना एवं उसे स्थायित्व प्रदान करने में विज्ञान का योगदान निर्णायक था और 1857ई0 के बाद से ही, उस नवजागरण काल में, हिंदी सेवी संस्थाओं ने विज्ञान से संबंधित लाभप्रद बातों एवं साथ ही पाश्चात्य जगत में हो रही विज्ञान की प्रगति और विज्ञान के बल पर पश्चिमी जातियों द्वारा राष्ट्रोन्नति में लगाई जा रही छलांगों जैसी जानकारी को जनता तक पहुँचानें का गुरुतर कार्य किया। इन हिंदी सेवी संस्थाओं ने विज्ञान के लोकप्रियकरण के माध्यम से भारतीयों में जागृति लाने और भारतीय राष्ट्रवाद को पुष्ट करने के साथ ही एक समृद्ध एवं अखंड भारत के निर्माण का उद्योग किया क्योंकि किसी देश की आर्थिक समृद्धि विज्ञान, प्रौद्योगिकी और लाभप्रद व्यापार पर ही निर्भर करती है और साथ ही इस सत्य को भी पटल पर रखा कि भारत की उन्नति भी विज्ञान के बल पर ही हो सकेगी।

ऐतिहासिक दृष्टिकोण को संज्ञान में लेते हुए यह कहना अनुचित नहीं है कि आज तक हिंदी सेवी संस्थाओं के विज्ञान के क्षेत्र में किये गये कार्यों का न तो पूर्णरूप से धरातलीय सर्वेक्षण ही हुआ है और न ही उनके कार्यों को संग्रहीत ही किया गया है बल्कि हिंदी सेवी संस्थाओं के विज्ञान के क्षेत्र में किये गये प्रयास इतिहासकारों एवं साहित्यकारों की दृष्टि से वंचित ही रहे हैं जिसका परिणाम यह है कि राष्ट्रीय आंदोलन के दौरान हिंदी सेवी संस्थाओं द्वारा विज्ञान के क्षेत्र में किये गये कार्य संस्थाओं एवं सरकारी रिपोर्टों, पुरानी पुस्तकों एवं पत्र–पत्रिकाओं तक सीमित हो गये, और जिससे नुकसान यह हुआ कि राष्ट्रभाषा हिंदी के माध्यम से विज्ञान–लेखन के क्षेत्र में हमारी राष्ट्रीय धारा पुष्ट नहीं हो पायी।

भारत का इतिहास, विशेषकर आधुनिक इतिहास, इस ढंग से लिखा गया है कि 18वीं एवं 19वीं सदी के पूर्वार्द्ध तक भारत की स्थिति अत्यंत दयनीय थी। ऐसे में पाश्चात्य देशों से लोगों का आगमन एवं उनकी संस्कृति से संपर्क के किया एवं प्रतिकिया स्वरुप भारत में नवीन भावों एवं विचारों का उदय हुआ। देश में कतिपय सामाजिक–धार्मिक आंदोलनों का जन्म हुआ, देश के तीन प्रदेशों–बंगाल, महाराष्ट्र और मद्रास में कतिपय छोटे–छोटे संगठन अस्तित्व में आये और अंत में, 1885 ई0 में, भारतीय राष्ट्रीय कांग्रेस की स्थापना हुई और कांग्रेस का इतिहास ही भारतीय राष्ट्रीय आंदोलन का इतिहास है और कांग्रेस की नीतियां ही भारत की राजनीति के साथ ही सामाजिक, आर्थिक और वैज्ञानिक प्रगति के लिए उत्तरदायी थीं। इस प्रकार के इतिहास–लेखन के दौरान कांग्रेसी आंदोलन के समानान्तर उन अनेक

छोटी–बड़ी संस्थाओं, विशेषकर हिंदी सेवी संस्थाओं, उनसे जुड़े व्यक्तियों एवं उनके द्वारा प्रकाशित पत्र–पत्रिकाओं द्वारा राष्ट्रीय आंदोलन के साथ ही विज्ञान के क्षेत्र में किये गये कार्यों का क्रमबद्ध इतिहास लिखा ही नहीं गया, जो विज्ञान के क्षेत्र में कार्य कर देशवासियों में आत्म सम्मान की भावना लाने एवं उन्हें आंदोलन हेतु संगठित करने का प्रयास कर रही थीं।

1857 ई0 के बाद देश के विभिन्न भागों में सभा–संगठनों की स्थापना और सुदृढ़ीकरण का एक व्यापक आंदोलन आरंभ हुआ। वैसे तो भारत में संस्थागत रूप में वैज्ञानिक ज्ञान का प्रचार 1834 से बंगाल की एशियाटिक सोसाइटी की पत्रिका 'एशियाटिक सोसाइटी जर्नल' (त्रैमासिक) से आरंभ होता है जिसमें अंग्रेजी में भूगोल, इतिहास, पुरातत्व के साथ ही विज्ञान में विविध विषयों पर प्रकाशन होता था, परंतु भारतीयों द्वारा इस तरह का प्रथम प्रयास अलीगढ़ की 'साइंटिफिक सोसाइटी' का था जिसकी स्थापना 1862 ई0 में सर सैयद अहमद खां ने की थी। उन्होंने 1858 ई0 में, मुरादाबाद में, एक पाठशाला बनाई थी जिसके लिए सब विषयों की पुस्तकों का अभाव देख एक समिति बनाई गयी जो कि अनुवाद कार्य करती थी जो बाद में 'अलीगढ़ वैज्ञानिक समिति' के नाम से प्रसिद्ध हुई। इस समिति ने सर्वसाधारण के उपकारार्थ अनेक पुस्तकों का अंग्रेजी से हिंदी और उर्दू भाषा में अनुवाद किया। 1866ई0 से समिति ने 'अलीगढ़ इंस्टीट्यूट गज़ट' (साप्ताहिक) पत्र का प्रकाशन भी किया जिसमें विज्ञान विषय को काफी महत्व मिला और यह पत्र इस क्षेत्र में मील का पत्थर साबित हुआ।

परंतु हिंदी भाषा के क्षेत्र में इस तरह का प्रथम प्रयास 'बरेली इंस्टीट्यूट' अथवा 'अंजुमन–ए–बरेली' के रुप में सामने आया जिसकी स्थापना 1861ई0 में हुई थी। इस संस्था ने व्याख्यानों, लेखन और पुस्तकालय स्थापना के माध्यम से जनता जनार्दन के बीच विज्ञान का प्रचार करने और उन्हें प्रभावित करने का प्रयास किया।

संस्थागत रूप में विज्ञान के क्षेत्र में इस तरह का सराहनीय प्रयास 'बनारस इंस्टीट्यूट' का रहा जिसकी स्थापना 1861ई0 में हुई थी। इस संस्था का उद्देश्य राजनीतिक विषयों को छोड़कर बौद्धिक, सामाजिक और नैतिक विषयों पर चर्चा कराना था। इस संस्था को काशी नरेश का संरक्षण प्राप्त था और बनारस के सैकड़ों भद्रजन इसके सभासद थे। विज्ञान विषयों पर भी इस संस्था में काफी चर्चा होती थी। इसी संस्था में, 1862 ई0 में, राजा शिवप्रसाद 'सितारैहिंद' ने सर्वप्रथम एक वाद–विवाद के दौरान भारतीयों को हिंदी में वैज्ञानिक शिक्षा दिये जाने की बात बड़े ही प्रभावशाली ढंग से रखी थी।

विज्ञान के क्षेत्र में आधुनिक हिंदी के जन्मदाता भारतेंदु हरिश्चंद्र का योगदान भी अविस्मरणीय था। अपने भाषणों और लेखनों में उन्होंने सर्वत्र पश्चिमी ज्ञान–विज्ञान के हिंदी भाषा में प्रचार पर बल दिया। उन्होंने यह अनुभव कर लिया था कि बिना संस्थाओं के निर्माण के देशोन्नति संभव नहीं है। उन्होंने अपनी सभी पत्रिकाओं–कविवचन सुधा, हरिश्चंद्र मैगजीन और बालाबोधनी में वैज्ञानिक सामग्री का प्रकाशन तो किया ही, साथ ही कवितावद्धिनी सभा, तदीय समाज, हिंदी डिबेटिंग क्लब, यंगमेंस एसोसिएशन, बनारस इंस्टीट्यूट सदृश कितनी ही संस्थाओं के निर्माण अथवा उसके संचालन में सहयोग किया। इन संस्थाओं ने भी विज्ञान के क्षेत्र में सराहनीय कार्य किया।

विज्ञान के क्षेत्र में इलाहाबाद की 'हिंदीवद्धिनी सभा' का योगदान भी 19वीं सदी के उत्तरार्द्ध एवं 20वीं सदी के प्रथम दशक तक अतुलनीय रहा। इस संस्था की स्थापना पं0 बालकृष्ण भट्ट के सहयोग से 1876 ई0 में हुई थी और स्वयं बाबू भारतेंदु हरिश्चंद्र जी ने इस संस्था का उद्घाटन किया था। 1877 ई0 से इस संस्था ने 'हिंदी प्रदीप' नामक मासिक पत्र का प्रकाशन किया और पं0 बालकृष्ण भट्ट इसके संपादक थे। इस पत्रिका ने दो दशकों तक अकेले ही विज्ञान के क्षेत्र में वह कार्य किया जो अनेक व्यक्तियों और संस्थाओं ने मिलकर भी नहीं किया। पत्रिका के संपूर्ण कार्यव्यापारों पर दृष्टिपात करते हुए 'विज्ञान' पत्रिका के प्रथम संपादक श्रीधर पाठक ने लिखा था कि :

"धनि हिंदी प्रदीप प्रकासि जग मूरखता–तम–त्रास हर।

तब पुष्यनाम प्रिय 'भट्ट श्री बालकृष्ण' जग में अमर ।।

1878 ई0 में बाबू तोताराम वर्मा ने अलीगढ़ में 'भाषासंवर्द्धिनी सभा' की स्थापना की। यद्यपि इस संस्था का उद्देश्य हिंदी भाषा का उत्थान करना था परंतु फिर भी इस संस्था ने विज्ञान के प्रचार–प्रसार में महत्वपूर्ण भूमिका निभाई। 1876–77 में ही वर्माजी ने एक प्रेस भी खोला था जहाँ से 1887 से "भारत बन्धु" नामक साप्ताहिक पत्र का प्रकाशन किया गया। विज्ञान विषय को इस पत्र में कितना महत्व मिला यह बात पत्र के मुखपृष्ठ पर अंकित शब्दावली से ही हो जाता है जिस पर लिखा रहता था–'ए वीकली जर्नल ऑफ लिटरेचर, **साइंस,** न्यूज एंड पोलिटिक्स'। इस संस्था ने भी विज्ञान के क्षेत्र में उल्लेखनीय कार्य किया।

मेरठ में पं0 गौरीदत्त द्वारा 1882ई0 में स्थापित 'देवनागरी प्रचारिणी सभा' का योगदान भी विज्ञान के क्षेत्र में स्मरणीय रहा। स्वयं पं0 गौरीदत्त ने रुढ़की इंजीनियरिंग कालेज से

विज्ञान की अच्छी शिक्षा पायी थी जिसमें बीजगणित, रेखागणित, सर्वेइंग, ड्राइंग तथा शिल्प इत्यादि प्रमुख था। इस सभा ने पुस्तकों एवं प्रकाशित पत्रिकाओं-देवनागर, नागरी इत्यादि द्वारा विज्ञान के क्षेत्र में काफी कार्य किया। अलीगढ़ की संस्था 'साइंटिफिक सोसायटी' के बाद हिंदी सेवियों की शायद यह प्रथम संस्था थी जहां सर्वसाधारण के लाभार्थ विज्ञान विषयों पर व्याख्यानमालाओं का आयोजन किया जाता था और लोग उन्हें आसानी से समझ सकें इसके लिए स्लाइड और मैजिक लालटेन का प्रयोग किया जाता था।

1893ई0 से पूर्व कई अन्य संस्थाएं भी कार्यरत थीं जिनका विज्ञान के क्षेत्र में उल्लेखनीय योगदान रहा। 1876 में काशी में स्थापित 'पंडित साहित्यिक सभा'; 1885 में इटावा में स्थापित 'विचार सभा'; 1887 में खेरी में स्थापित 'खेरी इंस्टीट्यूट'; रायबरेली में स्थापित 'रिफार्म क्लब' के साथ ही 1885 में काशी में स्थापित 'काशी सार्वजनिक सभा' और 1886 में स्थापित 'काशी सुजन समाज' का योगदान भी विज्ञान के क्षेत्र में महत्वपूर्ण था। काशी सार्वजनिक सभा और काशी सुजन समाज का उद्देश्य यद्यपि सामाजिक और राजनीतिक था, फिर भी इसकी बैठकों में विज्ञान विषयक बातें हुआ करती थीं। आज गंगा सफाई का प्रश्न भारत के सामने एक बड़ी समस्या बनी हुई है परंतु आज से 134 वर्ष पूर्व 1886 ई0 में ही 'गंगा सफाई अभियान' जैसे महत्वपूर्ण और ऐतिहासिक कदम उठाने में इन दोनों संस्थाओं की ही महत्वपूर्ण भूमिका थी।

1893 ई0 में बाबू श्यामसुंदरदास, पं0 रामनारायण मिश्र और बाबू शिवकुमार सिंह आदि लोगों ने मिलकर काशी में 'नागरीप्रचारिणी सभा'' की स्थापना की। यद्यपि यह संस्था नागरी (हिंदी भाषा और नागरी लिपि) के प्रचारार्थ स्थापित हुई थी, फिर भी 1894 ई0 में ही इस संस्था से प्रकाशित प्रथम पुस्तक में ही बाबू राधाकृष्णदास ने विज्ञान पत्रकारिता क्या है? इसे परिभाषित किया। 1896 ई0 से प्रकाशित 'नागरीप्रचारिणी पत्रिका' में प्रथम लेख (केतुतारों का संक्षिप्त वृत्तांत) ही विज्ञान विषय पर प्रकाशित हुआ था। इस पत्रिका में बाबू गोपालप्रसाद खत्री, बाबू कार्तिकप्रसाद, बाबू दुर्गाप्रसाद, पं0 महावीरप्रसाद द्विवेदी एवं बाबू ठाकुरप्रसाद सदृश कितने ही लोगों द्वारा सतत् विज्ञान विषयक शोधपरक लेख लिखे गये। वही, 1900 ई0 से ही इस संस्था ने हिंदी में विज्ञान विषयों पर लेख आमंत्रित किये। 1902ई0 में 'युनिवर्सिटी कमीशन' के सम्मुख सभा के सभासद द्वारा प्रस्तुत अपनी गवाही में भारतीयों को वैज्ञानिक शिक्षा भारतीय भाषाओं में देने का सुझाव रखा था। 'व्याख्यानमाला' का आयोजन कर हिंदी लेखकों द्वारा देश में वैज्ञानिक ज्ञान का प्रचार किया गया। 1906ई0 में इस संस्था ने ही सर्वप्रथम हिंदी का प्रथम वैज्ञानिक कोश प्रकाशित किया था। इसके साथ ही कितनी ही

ग्रंथमालाओं, लेखमालाओं एवं शब्दकोशों का प्रकाशन एवं विज्ञान में शोध को वढ़ावा देने के लिए रजत और स्वर्ण पदक तक देने का आयोजन किया था, जो इतिहास प्रसिद्ध ही है।

  19वीं सदी के उत्तरार्द्ध में भारत में हुए संस्था निर्माण आंदोलन और स्थापित संस्थाओं, विशेषकर हिंदी सेवी संस्थाओं ने वैज्ञानिक साहित्य के सृजन, प्रचार—प्रसार एवं लोकप्रियकरण का महत्वपूर्ण कार्य किया। इन संस्थाओं, इनके द्वारा प्रकाशित पुस्तकों और पत्र—पत्रिकाओं के साथ ही इनसे जुड़े व्यक्तियों ने विज्ञान के क्षेत्र में सराहनीय कार्य किया और उसके साहित्य को परिपूर्ण करने का हर संभव प्रयास किया। हिंदी के साथ ही अन्य भारतीय भाषाओं में भी हिंदी के समानांतर ही विज्ञान—लेखन का आंदोलन आरंभ हुआ था परंतु जितनी प्रगति हिंदी में हुई, उतनी किसी भी अन्य भारतीय भाषाओं में नहीं हुई। हिंदी सेवी संस्थाओं ने जनता जनार्दन की भाषा में वैज्ञानिक ज्ञान को जनता तक पहुचानें का गुरुतर कार्य किया जिससे आमजन लाभ उठा सकें और इसके मूल में था राष्ट्रहित। हिंदी सदैव से ऐक्य की भाषा रही है और हिंदी सेवी संस्थाओं द्वारा हमेशा राष्ट्रीय एकीकरण का प्रयास किया गया।

7. वैज्ञानिक साहित्य के प्रसारक : मुंशी नवलकिशोर

भारतीय इतिहास में कतिपय व्यक्तित्व ऐसे हुए हैं जिन्हें भारतीय और विदेशी दोनो ही लेखकों ने एक खास ढंग से प्रस्तुत किया है और उनके संपूर्ण कार्य व्यापारों का मूल्यांकन एक साथ न करते हुए उनमें काट छाँट कर उन्हें एक विशेष ढंग से प्रस्तुत कर उन्हें एकांगी व्यक्तित्व प्रदान किया और आज भी किया जा रहा है। मुंशी नवल किशोर ऐसे ही व्यक्तित्वों में एक हैं।

22 फरवरी, 2013 को 'दि लाहौर टाइम्स' में जावेद अहमद खुर्शीद महोदय का ''रिमेंबरिंग मुंशी नवल किशोर किशोर'' शीर्षक एक लेख प्रकाशित हुआ जिसमें उन्होंने लिखा कि 'मुंशी नवल किशोर का जीवन लोगों को संदेश देता है कि सामान्य आदमी भी अपनी क्षमताओं का प्रयोग कर सफलता पा सकता है', साथ ही उनकी उर्दू पत्रकारिता, उनके प्रेस और इस्लाम विषयक अनेक पुस्तकों के प्रकाशन को विशेष रूप से रेखांकित किया'। भारतीय मुसलमानों के अग्रणी समाचार–पत्र 'Milli Gazette' में 16–31 जनवरी, 2011 को 'मुंशी नवल किशोर ऐंड इंडो–इस्लामी कल्चर' लेख में मुंशी नवलकिशोर को एक समन्वयक के रूप में प्रस्तुत किया। पुस्तकालय एवं सूचना की एक प्रमुख अंतर्राष्ट्रीय पत्रिका 'Libri' में सैयद जलालुद्दीन हैदर ने 'Munshi Naval Kishore(1836-1895) Mirror of Urdu Printing in British India' में भी उनकी उर्दू सेवा को ही मुख्य रूप से रेखांकित किया तो पाकिस्तानी लेखकों ने उन्हें 'हिंदुओं में उर्दू के महान पोषक के रूप में, जिन्होंने बहुत सी धार्मिक पुस्तकें छापी', के रुप में प्रस्तुत किया है। तो वहीं, उलरिक स्टार्क महोदया, जो` शिकागो विश्वविद्यालय में दक्षिण एशिया अध्ययन केंद्र में हिंदी विभाग की विभागाध्यक्ष रही हैं, ने अपनी चर्चित कृति 'An Empire of Books' में, जिसकी बड़ी ही सुंदर समालोचना 2 नवंबर, 2008 के 'दि हिंदू' में हुई थी, उन्हें औपनिवेशिक भारत में एक महान पुस्तक प्रकाशक के रूप में प्रस्तुत किया है। परंतु आज

तक किसी ने भी उनकी हिंदी सेवाओं और उससे भी बढ़कर लोकभाषा हिंदी में ज्ञान–विज्ञान के प्रचार एवं विज्ञान विषयक पुस्तकों के प्रकाशन को पटल पर रखने का प्रयास नही किया।

मुंशी नवलकिशोर का जन्म (3 जनवरी, 1836ई0–19 फरवरी, 1895ई0) उत्तर प्रदेश के मथुरा जनपद के रीढ़ा नामक ग्राम में अपनी ननसाल में हुआ था। इनके पिता पं0 यमुना प्रसाद भार्गव अलीगढ़ के सासनी कस्बे के एक प्रभावशाली जमींदार थे और इनके पितामह पं0 बालमुकुन्द आगरा में मुगल बादशाह शाहआलम के यहां खजांची थे। 6 वर्ष की आयु में सासनी में ही इन्हें पढ़ाने के लिए एक पंडित रखा गया और 10 वर्ष की आयु तक इन्होंने घर पर ही शिक्षा ग्रहण की। इसके बाद इन्हें आगरा कालेज में प्रविष्ट किया गया जहां पर रहते हुए इन्होंने हिंदी, उर्दू, संस्कृत, फ़ारसी आदि भाषाओं में अच्छी तरह योग्यता प्राप्त कर ली।

छात्रावस्था में ही इन्हें अखबार पढ़ने की धुन लगी और उसी दौर में आगरा से प्रकाशित 'सफीर' नामक उर्दू अखबार में ये लेख भी लिखने लगे। परिणाम यह हुआ कि 'सफीर' नामक अखबार से इन्होंने पत्रकारिता आरंभ कर दी। अपने कार्य में और दक्षता लाने के लिए इन्होंने लाहौर से प्रकाशित होने वाले 'कोहेनूर' नामक मासिक पत्र में नौकरी कर ली। उस समय 'कोहेनूर' के संचालक मुंशी हरसुखराय ने 15 रुपये मासिक वेतन पर इन्हें पत्र का प्रबंधक बनाया था। इनकी मेहनत की बदौलत थोड़े ही दिनों में अखबार की रंगत ही बदल गई। वहां कार्य करते हुए इन्होंने कम्पोज करना, मैटर बॉधना, प्रूफ पढ़ना, साज सज्जा करना, फर्मे मशीन पर कसना, मशीन चलाना, यहां तक कि बाईंडिंग का कार्य भी भलीभॉति सीख लिया। इनके कार्य करने के संदर्भ में एक महत्वपूर्ण बात यह थी कि जब भी मुंशी हरसुखराय इनका वेतन बढ़ाने की बात करते तो ये 15 रुपये से अधिक वेतन लेने को तैयार ही नहीं होते थे।

इनका नाम तो नवलकिशोर था और ये जाति के भी ब्राह्मण थे, पर इनके नाम के साथ 'मुंशी' शब्द अभिन्न रूप से जुड़ गया और ये इतिहास में 'मुंशी नवलकिशोर' के नाम से विख्यात हुए। घटना यह थी कि एक बार 1854ई0 में मुंशी हरसुखराय को एक फौजदारी मुकदमें में जेल जाना पड़ा। चूँकि हरसुखराय निःसंतान थे अतएव उन्होंने नवलकिशोर को पूरे प्रेस का दायित्व सौंप दिया। ऐसी स्थिति में नवलकिशोर ने प्रेस की व्यवस्था इतनी सुदृढ़ कर दी कि लोगों ने इन्हें 'मुंशी' कहना शुरु कर दिया। इन्होंने मुंशी हरसुखराय को छुड़ाने का बहुत प्रयास किया और अंत में सफल भी रहे। इस प्रकार इनकी प्रसिद्धि काफी बढ़ गई और ये 'मुंशी नवलकिशोर' कहलाने लगे।

21 वर्ष की आयु में देशवासियों को अच्छे साहित्य का संदेश देने के उद्देश्य से 'कोहेनूर' को छोड़ दिया और अपना निज का प्रेस खोलने का संकल्प लेकर लाहौर से आगरा आ गये। किन्तु, उसी समय 1857 की क्रांति आरंभ हो चुकी थी और सभी कवि तथा

लेखक दिल्ली और आगरा छोड़कर लखनऊ जा रहे थे, परिणामस्वरूप ये भी 1858ई0 में लखनऊ आ गये और रकाबगंज मोहल्ले में 'नवलकिशोर प्रेस' की स्थापना कर दी। जब प्रेस अच्छी तरह चलने लगा तब इन्होंने हजरतगंज में एक मकान किराये पर लिया और प्रेस को वहां स्थानांतरित कर दिया साथ ही जर्मनी से कुछ अच्छी मशीनें एवं टाइप मँगवाया। सारी सुविधायें एकत्र करने के बाद 26 नवंबर, 1858ई0 को इन्होंने विधिवत् 'अवध अखबार' नामक उर्दू पत्र का प्रकाशन आरंभ किया। पत्र के संदर्भ में यह बात विशेष रूप से उल्लेख करने योग्य है कि यह पत्र उन दिनों देशी भाषाओं का न केवल भारत बल्कि सारे एशिया के अग्रगण्य पत्रों में गिना जाता था। अवध अखबार के सफलतापूर्वक प्रकाशन के साथ ही 'अवध रिव्यू' नामक साप्ताहिक अंग्रेजी पत्र का भी प्रकाशन इन्होंने अपने प्रेस से किया।

दो समाचार पत्रों के प्रकाशन के साथ ही इन्होंने पुस्तक प्रकाशन का कार्य आरंभ किया और उसके माध्यम से संस्कृत, हिंदी, उर्दू, फ़ारसी और अरबी के अनेक महत्वपूर्ण ग्रंथ छापकर इन्होंने साहित्य और समाज की उल्लेखनीय सेवा की। 'रामचरितमानस', 'सूरसागर', और कबीर का 'बीजक' आदि अनेक हिंदी ग्रंथों को इन्होंने ही सर्वप्रथम संशोधनोपरांत प्रकाशित किया। 'सिंहासन बत्तीसी', 'बेताल पच्चीसी', 'किस्सा हातिमताई', 'हीर–रॉझा', 'किस्सा चहार दरवेश', 'तोता–मैना की कहानी', 'अलिफ–लैला', 'आल्हा', 'कविप्रिया', 'रसिकप्रिया' के अलावा मुंशी हफीजुल्लाखां का 'हजारा' और शिवसिंह सेंगर का 'शिवसिंह सरोज' नामक हिंदी साहित्य का प्रथम इतिहास भी इन्हीं के प्रेस से प्रकाशित हुआ। इन पुस्तकों के प्रकाशन का फल यह हुआ कि उस युग में सैकड़ों रुपये खर्च करने पर भी जो ग्रंथ उपलब्ध नहीं होते थे उन्हें जन–साधारण को सहज में उपलब्ध कराकर साहित्य और संस्कृति की महान सेवा की और भारतीय लोकजीवन में नई चेतना का संचार किया।

मुंशी नवल किशोर अत्यंत प्रगतिशील विचारों के व्यक्ति थे और तत्कालीन उन्नतिपरक बातों में विशेष रुचि रखते थे। यहीं कारण है कि अपने प्रेस से जहां उन्होंने धार्मिक एवं मनोरंजन परक पुस्तकों का प्रकाशन किया वहीं, चिकित्सा, कोश, प्राकृतिक विज्ञान, क्षेत्रमिति और भूगोल सदृश वैज्ञानिक विषयों पर भी पुस्तकें प्रकाशित की, जिनका उस समय नितांत अभाव था। उनके जीवनकाल में नवलकिशोर प्रेस से विज्ञान विषयक जो हिंदी पुस्तकें प्रकाशित हुई, उसकी सूची इस प्रकार है–

ग्रंथ	ग्रंथकर्ता	प्रकाशन वर्ष
अवधदेशीय भूगोल	पं0 मगनलाल	1872ई0
अमरकोश	अमरसिंह सं0 महेशदत्त शुक्ल	1882ई0
रसायन प्रकाश♣	ब्द्रीलाल	1883ई0
पहिला जुगराफिया	अंबिका प्रसाद	1884ई

स्त्री दर्पण	माधवप्रसाद	1884ई0
मेंसुरेशन	श्रामरतनलाल	1889ई0
मंगलकोश	म्गलीलाल	1890ई0
हंसराज निदान	हंसराजजी दत्ताराम माथुर	1940वि0

♣ यह पुस्तक पहले बैपटिस्ट मिशन प्रेस, कलकत्ता से छपी थी, इसी का दूसरा संस्करण 1883ई0 में नवलकिशोर ने प्रकाशित किया।

हिंदी भाषा की समृद्धि, महिलाओं एवं पुरुषों में शिक्षा के प्रचार एवं लाभदायक कृतियों के प्रकाशन के उद्देश्य से मुंशी नवल किशोर ने 1877 ई0 में बाबू तोताराम वर्मा, राजा मुरसान, राजा जयकिशनदास एवं अन्य महत्वपूर्ण व्यक्तियों के साथ मिलकर अलीगढ़ में ''भारतवर्षीय नेशनल एसोसिएशन' की स्थापना की। 1877ई0 में ही एसोसिएशन की एक शाखा के रुप में 'भाषासंवर्द्धिनी सभा', जिसके अध्यक्ष राजा लक्ष्मणसिंह थे, की स्थापना हुई। इस सभा ने तीन प्रकार की पुस्तकों पर पुरस्कार भी देना आरंभ किया–स्त्री शिक्षा पर रु0 100; हिंदी भाषा की श्रेष्ठ पुस्तक पर रु0 200 और कृषि शिक्षा की पुस्तक पर रु0 125। इस प्रकार भारत के लोगों के जीविका के आधार कृषि को उस युग में प्रोत्साहन प्रदान किया। इस सभा में व्याख्यानों का भी आयोजन किया जाता था और ये व्याख्यान विज्ञान विषयों पर विशेष रूप से केंद्रित होते थे और इन व्याख्यानों को सरल और सुरुचिपूर्ण बनाने के लिए मैजिक लालटेन और स्लाइड का प्रयोग किया जाता था ताकि आम जनता इसे आसानी से समझ सके। यह बात ध्यान देने योग्य है कि उस समय यूरोप में भी, जो अपने को विकास के शिखर पर मानता था, ज्ञान–विज्ञान के प्रचार–प्रसार का यह एक प्रभावशाली माध्यम था जिसे वहां 'युनिवर्सिटी इक्सटेंशन लेक्चर्स' कहा जाता था। इसी सभा से ''भारत बन्धु'' नामक साप्ताहिक पत्र का प्रकाशन भी हुआ जिसने उस युग में विज्ञान को काफी महत्व दिया जो कि पत्र के मुखपृष्ठ पर अंकित शब्दावली से ही स्पष्ट हो जाता है जिस पर लिखा रहता था–'ए वीकली जर्नल ऑफ लिटरेचर, **साइंस,** न्यूज एंड पोलिटिक्स'। इस संस्था ने विज्ञान के क्षेत्र में उल्लेखनीय कार्य किया और मुंशीजी इसके बहुत बड़े सहायक थे।

एक जागरुक प्रकाशक और मुद्रक के साथ ही मुंशी नवलकिशोर हिंदी के एक कुशल लेखक भी थे। इन्होंने जहां 'जानकी मंगल', 'पार्वती मंगल', 'वैराग्य संगीत', नहछू और बरवा को संपादित करके एक स्थान पर 'पंचरत्न' नाम से 1886ई0 में प्रकाशित किया वहीं, वनयात्रा'(1868ई0), मनोहर कहानियां' (1880ई0), वर्ण प्रकाशिका (1891ई0) और रहीम रत्नावली (1898ई0 में मरणेपरांत) का भी लेखन किया।

भाषा एवं साहित्य के साथ ही शिक्षा एवं सार्वजनिक क्षेत्र में भी इनका महत्वपूर्ण योगदान था। देशवासियों को शिक्षित करने के लिए ही इन्होंने 'नवलकिशोर हाई स्कूल' की

स्थापना की जो बाद में 'जुबली कालेज' के नाम से विख्यात हुआ। 'अलीगढ़ मोहम्मडन कालेज', जो बाद में 'अलीगढ़ मुस्लिम विश्वविद्यालय' बना, के आरंभिक दिनों में सहायतार्थ 3 लाख रुपये दान में दिया था। आगरा कालेज के बोर्डिंग हाउस के निर्माण में भी इन्होंने काफी धन दिया था। स्वायत्त शासन कानून के अनुसार 1875ई0 में लखनऊ में नगर पालिका बनाई गई थी। मुंशीजी 18 वर्षों तक उसके मनोनीत सदस्य रहे। भारत की तत्कालीन ब्रिटिश सरकार इनका बड़ा सम्मान करती थी। साहित्य एवं संस्कृति के क्षेत्र में इनकी की गई बहुमूल्य सेवाओं के लिए इन्हें 'कैसरे हिंद' और 'सी0 एस0 आई' का सम्मानप्रद पद प्रदान किया था। स्वतंत्रता के बाद भारत सरकार ने भी इनकी स्मृति में 'डॉक टिकट' जारी किया।

1895ई0 में इनकी मृत्यु के बाद भी इस छापेखाने से विज्ञान विषयक पुस्तकों का सतत प्रकाशन होता रहा और उस युग में इनके प्रेस ने हिंदी में विज्ञान विषयक सर्वाधिक पुस्तकें प्रकाशित कर एक कीर्तिमान स्थापित किया था, जिसकी सूची इस प्रकार है—

पुस्तक	लेखक	प्रकाशन वर्ष
भूगोल हस्तामलक (तीनों भाग)	शिवप्रसाद सिंह	1898ई0
अंकगणित शिक्षापद्धति	मोहम्मद खां	1909ई
विश्व की विचित्रता	द्वारकाप्रसाद चतुर्वेदी	1917ई0
भारतीय चरितांबुनिधि	चतुर्वेदी द्वारकाप्रसाद शम	1919ई0
अमृत सागर	कालीचरण पंडित	1922ई0
अंकचंद्रिका भाग—1,2,3	भवानीप्रसाद पुरोहित	1925ई0
ज्योतिश्चंद्रार्क	रुद्रदेव शर्मा	1984वि0
वैचित्र्य चित्रण	महावीर प्रसाद द्विवेदी	1928ई0
मनव शरीर रहस्य	मुकुंद स्वरुप वर्मा	1929ई0
भारतीय कोष	दीनानाथ कौल	1930ई0
ज्योतिष तत्व प्रकाश	लक्ष्मीकांत	1931ई0
भौतिक विज्ञान शास्त्र 2 भाग	शीतलसिंह बाघेल	1936ई0
मनुष्य विकास	रामेश्वर	1939ई0
मलेरिया विज्ञान	बालकराम शुक्ल एवं भगवतीप्रसाद पाण्डेय	1939ई0
मंथर ज्वर चिकित्सा	हरिवल्लभ	1939ई0

मुंशी नवल किशोर के कार्य-व्यापारों का अवलोकन करने से यह बात स्पष्ट होती है कि इन्होंने अपने प्रेस द्वारा प्रकाशित अखबार और पुस्तकों द्वारा उस युग में सांस्कृतिक जागरण लाने का प्रयास किया। वे तत्कालीन उन्नतिपरक बातों से भी परिचित थे, इसी का परिणाम था कि उन्होंने विज्ञान विषयक पुस्तकों का भी प्रकाशन किया और वह भी आम जनता की भाषा हिंदी में। जिन लोगों ने इन्हें उर्दू का पोषक बताया है उन्हें यह स्मरण होना चाहिए कि उर्दू ही उस समय राजकाज एवं सभ्रांत लोगों की भाषा थी और हिंदी को आम जनता की भाषा होने के कारण 'गवॉरू भाषा' कहा जाता था, फिर भी उन्होंने आम जनता को लाभ पहुँचाने का प्रयास किया। 'हिंदी वर्द्धिनी सभा' के माध्यम से उन्होंने विज्ञान के क्षेत्र में सराहनीय कार्य किया साथ ही इस संस्था ने आगे आने वाले समय में व्यक्तियों एवं संस्थाओं के लिए मार्गदर्शक का कार्य किया और इसका अधिकांश श्रेय मुंशी नवलकिशोर को जाता है। अपने प्रेरणादायक कार्यों के लिए मुंशी नवल किशोर आज 21वीं सदी में भी प्रासंगिक बने हुए हैं।

8. नवजारणकालीन विज्ञान के उन्नायक : पं0 लक्ष्मीशंकर मिश्र

भारत में ज्ञान-विज्ञान से जुड़े बहुत से विलक्षण व्यक्तित्व ऐसे हुए जो आम पाठक तो क्या, शोधार्थियों और विद्वानों की दृष्टि से भी ओझल ही रहे जिसके कारण उन्हें न तो बंगाल के वैज्ञानिकों एवं विज्ञान संचारकों के समान प्रसिद्धि मिली और न ही उत्तर भारत के हिंदी साहित्यकारों—राजा शिवप्रसाद, भारतेंदु हरिश्चंद्र, बालकृष्ण भट्ट, प्रतापनारायण मिश्र, बाबू नवीनचंद्रराय, बाबू तोताराम सदृश लोगों के समान ख्याति और पहचान। ऐसे विलक्षण व्यक्तियों में पं0 लक्ष्मीशंकर मिश्र एक हैं। पं0 लक्ष्मीशंकर मिश्र 19वीं सदी के उत्तरार्द्ध में एक महान गणित उन्नायक एवं कुशल विज्ञान-लेखक के रूप में उदित हुए जिन्होंने अपने कार्यों द्वारा एक कीर्तिमान स्थापित किया था, परंतु आज तक उनके समस्त कार्यों का पूरी तरह से धरातलीय सर्वेक्षण नहीं हुआ है। उस युग में मिश्र जी ने गणित और विज्ञान के क्षेत्र में अद्भुत कार्य कर देशवासियों में जनभाषा हिंदी में गणित और विज्ञान के संचार का महान कार्य किया था।

पं0 लक्ष्मीशंकर मिश्र (1849 ई0-2 दिसम्बर, 1906 ई0) का जन्म बनारस में हुआ था और वे बनारस संस्कृत कालेज में प्रोफेसर पं0 रामजसन मिश्र के चार पुत्रों—लक्ष्मीशंकर मिश्र, रमाशंकर मिश्र, उमाशंकर मिश्र एवं ब्रह्माशंकर मिश्र में सबसे ज्येष्ठ थे। पं0 रामजसन मिश्र के चारो पुत्र 1888ई0 तक एम0 ए0 पास थे जबकि 1890ई0 में पश्चिमोत्तर प्रदेश एवं अवध में एम0 ए0 पास करने वालों की संख्या मात्र 12 थी। लक्ष्मीशंकर मिश्र, रमाशंकर मिश्र एवं उमाशंकर मिश्र का उस काल में विज्ञान संचार में महत्वपूर्ण योगदान था।

लक्ष्मीशंकर मिश्र बचपन से ही गंभीर, सुशील और कुशाग्र बुद्धि थे। 8 वर्ष की आयु मे उनकों बनारस संस्कृत कालेज में अंग्रेजी पढ़ने के लिए भेजा गया परंतु उनका झुकाव गणित की ओर अधिक था। साहित्य की अपेक्षा गणित अधिक क्लिष्ट है और इस कारण बहुत से छात्र गणित को छोड़ साहित्य की ओर झुक जाते हैं, परंतु उनका गणित ही पर विशेष प्रेम था। यह उनकी मस्तिष्क शक्ति के

बलवती होने का प्रमाण था। पं0 आदित्यराम भट्टाचार्य, जिन्हें पं0 मदनमोहन मालवीय अपना गुरु मानते थे, और जिन्होंने 1874ई0 में 'बीजगणित' नामक एक छोटी सी पुस्तक भी लिखी थी, लक्ष्मीशंकर मिश्र के ही सहपाठी थे। पर वे आगे चलकर साहित्य की ओर झुक गये, परंतु मिश्रजी ने एम0 ए0 में भी गणित ही लिया और 1870 ई0 में नेकनामी (आनर्स) के साथ उत्तीर्ण किया।

बनारस संस्कृत कालेज में गणित के प्रोफेसर राजर्स, जो मिश्रजी को गणित पढ़ाते थे, उनकी विलक्षण बुद्धि देखकर आश्चर्य करते और उनकी बड़ी ही प्रशंसा किया करते थे। लक्ष्मीशंकर मिश्र की योग्यता और प्रतिभा पर मुग्ध होकर बनारस संस्कृत कालेज के प्रधानाचार्य आर0 टी0 एच0 ग्रिफ़िथ (1861–1878ई0 तक) ने 1870ई0 में उन्हें कालेज में ही गणित का प्रोफेसर नियुक्त कर दिया। मिश्र जी प्रधानाचार्य के विश्वास पर सौ प्रतिशत खरे उतरे। उनकी पढ़ाने की शैली इतनी अच्छी थी कि कठिन से कठिन बातों को भी वे सहजता से समझा देते थे जिससे उनके विद्यार्थी उनसे बहुत खुश रहते थे। उनके पढ़ाये हुए विद्यार्थियों जैसे सैयद महमूद, ज्वालाप्रसाद इत्यादि ने उनका नाम काफी उज्जवल किया।

लक्ष्मीशंकर मिश्र समय को बहुमूल्य समझते थे और अपने व्यस्त कार्यक्रमों के दौरान भी, जब उन्हें थोड़ा समय मिलता तो उसमें उत्तमोत्तम पुस्तकें लिखा करते थे। 1868ई0 में ही, जब वे एम0 ए0 के छात्र थे, 'गणित कौमुदी' नामक पुस्तक का प्रथम भाग लिखा जो लाइट प्रेस, बनारस से छपी और इस श्रृंखला की दूसरी पुस्तक 1895ई0 में लिखीं। उस समय देशभाषा हिंदी में गणित की बहुत ही कम पुस्तकें उपलब्ध थीं और जो थीं भी उनमें से अधिकांश अनुवाद थीं।

1873 ई0 में लक्ष्मीशंकर मिश्र ने 'सरल त्रिकोणमिति की उपक्रमणिका' नामक पुस्तक लिखी। इससे पूर्व त्रिकोणमिति में कोई पुस्तक ही नहीं थी। मिश्रजी की पुस्तक की प्रस्तावना तत्कालीन समय में देशज भाषाओं में गणित और विज्ञान–लेखन की अवस्था का यथार्थ चित्र प्रस्तुत करती है जिसमें उन्होंने लिखा ''वर्तमान समय को निश्चित रुप से हिंदी भाषा के पुनरुत्थान का समय समझा जाना चाहिए।........वर्तमान में पश्चिमोत्तर प्रदेश में देशी भाषाओं में विविध विषयों में मौलिक और अनुवादित सामग्री का बड़ा अभाव है, किन्तु हिंदी का संघर्षरत् भविष्य यह है कि वैज्ञानिक क्षेत्र में यह और भी

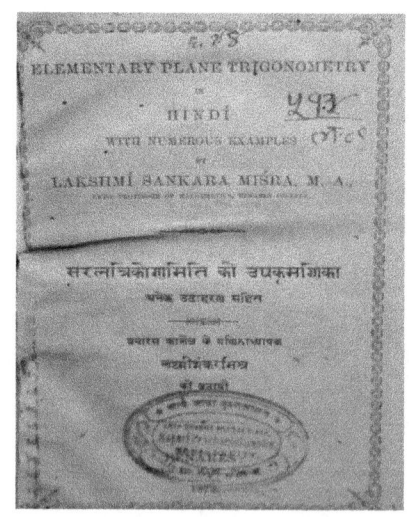

दयनीय है।'' स्वयं भारतेंदु हरिश्चंद्र ने इस प्रकार के प्रयास की सराहना अपनी पत्रिका 'हरिश्चंद्र चंद्रिका' के जून, 1874ई0 के अंक में किया था और लिखा था कि ''हिंदी भाषा में विज्ञान, दर्शन, अंकादि के ग्रंथ बहुत थोड़े हैं और जो दस–पॉच छोटे–मोटे हैं भी उनका श्रेय न तो सरकार को है, न ही किसी आंदोलन को।'' मिश्रजी की यह पुस्तक इतनी महत्वपूर्ण थी कि उसकी महत्ता और उत्तमता पर प्रसन्न होकर पश्चिमोत्तर प्रदेश (वर्तमान उत्तर प्रदेश एवं उत्तराखंड) के तत्कालीन लेफ्टिनेंट गवर्नर विलियम म्योर ने उन्हें एक हजार रुपये का पारितोषिक दिया था।

1877 ई0 तक लक्ष्मीशंकर मिश्र गणित शास्त्र के प्रोफेसर रहे और उसके बाद तत्कालीन प्रधानाचार्य जार्ज थीबो (1876–1888ई0 तक) ने उन्हें विज्ञान–शास्त्र का प्रोफेसर नियुक्त किया। इस पद पर रहते हुए उन्होंने विज्ञान विषयक पुस्तकें 'वायुचक्र विज्ञान' (1874ई0) 'पदार्थ विज्ञान विटप', 'प्राकृतिक भूगोल चंद्रिका' इत्यादि तो लिखी ही, साथ ही गणित की भी अपूर्व सेवा की। 'गणित शास्त्र ही विज्ञान का मूल है। विज्ञान शास्त्र की जो शाखा जिस प्रमाण से विज्ञान के अधीन होती है वह उसी प्रमाण से गणित के भी अधीन होती है', इस सत्य को चरितार्थ करते हुए उन्होंने 1883ई0 में 'लोअर प्राइमरी अंक गणित' नामक पुस्तक लिखी जो कि पाठशालाओं के विद्यार्थियों के लिए थी और पाठशालाओं में 20वीं सदी के प्रथम दशक में भी जारी थी।

1885ई0 का वर्ष इस संदर्भ में काफी महत्वपूर्ण रहा क्योंकि इसी वर्ष लक्ष्मीशंकर मिश्र ने 'स्थिति विद्या' और 'गतिविद्या' नामक दो अति महत्वपूर्ण पुस्तकें लिखीं जो कि चंद्रप्रभा प्रेस, बनारस से छपीं। ये दोनों ही पुस्तकें किसी अन्य भाषा की पुस्तकों का अनुवाद नहीं थीं बल्कि मौलिक थीं और किसी भी भारतीय भाषा में इस विषय की पहली पुस्तकें थीं। इन पुस्तकों के लेखन में उन्होंने सरल हिंदी भाषा का प्रयोग किया और साथ ही अपनी बातों को अनेक उदाहरणों

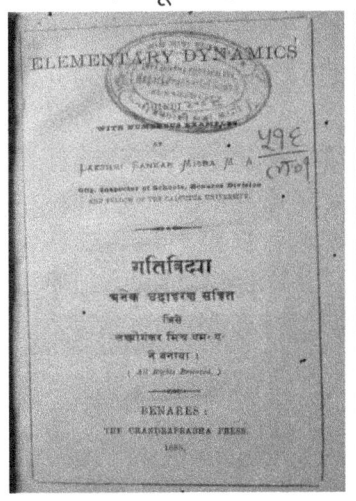

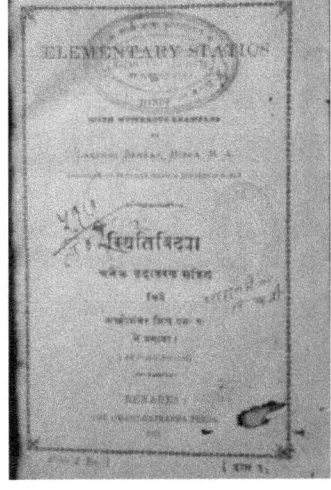

द्वारा समझाने एवं सरलीकृत करने का प्रयास किया। उदाहरण के लिए 'गतिविद्या' में क्या

होता है? गति क्या है? वेग क्या है? वेग का अंतर क्या है? इत्यादि बातों को अत्यंत सरल शब्दों में रेखांकित करते हुए लिखा कि ''किसी दृढ़ द्रव्य की गति के नियमों का वर्णन गतिविद्याा में होता है।.........यह स्पष्ट है कि यदि कोई द्रव्य स्थिति दशा में न हो तो उसके स्थान में प्रति क्षण अंतर होता जावेगा। उसी स्थान के बदलने से गति होती है। यह हम लोग सर्वदा देखतें हैं कि कोई मनुष्य एक स्थान से दूसरे स्थान तक जितनी देर में जाता है उससे कम देर में दूसरा जा सकता है अर्थात् उनके गति के काल एक निश्चित दूरी में एक ही नहीं है। गति को वेग के द्वारा मापते है। जिस हिसाब से कोई वस्तु चलती है वा अपने स्थिति में अंतर पैदा करती है उसे उसका वेग कहते हैं। निश्चित काल में यदि कोई सूक्ष्माणु अधिक दूर जावे तो वेग अधिक और यदि कम दूर जावे तो वेग कम होता है। किसी निश्चित काल में जितनीं दूर कोई द्रव्य जाता है उसी काल में यदि दूसरा द्रव्य दूनी दूरी में जावे तो इस पिछले का वेग पहले का दूना है। एक मनुष्य घंटे भर में 5 कोस जाता है और दूसरा केवल कोसभर तो पहले का वेग दूसरे का पंचगुना होगा।''

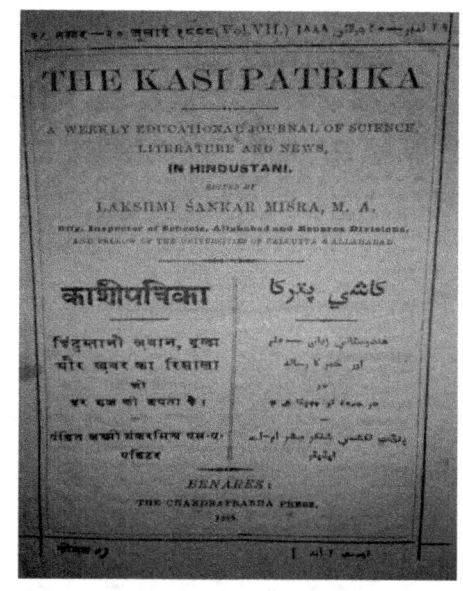

1876ई0 से बाबू बलेश्वरप्रसाद ने काशी से 'काशी पत्रिका' को पाक्षिक निकालना आरंभ किया। लक्ष्मीशंकर मिश्र ने 1882ई0 में उसका संपूर्ण भार ग्रहण कर उसे साप्ताहिक कर अपने चंद्रप्रभा प्रेस से निकालने लगे। इस पत्रिका में गणित, विज्ञान, साहित्य, नीति और शिक्षा आदि विषयों पर उपयोगी सामग्री का प्रकाशन होता था। पत्रिका के मुख पृष्ठ पर ही अंग्रेजी, नागरी और में उर्दू विशेष वाक्य छपा रहता था ''ए वीकली एजूकेशनल जर्नल ऑफ साइंस, लिटरेचर ऐंड न्यूज इन हिंदुस्तानी।'' इस पत्रिका की उपयोगिता को देखकर पश्चिमोत्तर प्रदेश और अवध के शिक्षा विभाग के डाइरेक्टर ह्वाइट ने इसे पाठशालाओं में जारी कर दिया था जिसे उनके परिवर्ती डाइरेक्टर लिविस ने भी जारी रखा।

THE KASI PATRIKA

A WEEKLY EDUCATIONAL JOURNAL OF SCIENCE, LITERATURE AND NEWS, IN HINDUSTANI.

LAKSHMI SANKAR MISRA, M. A.

काशीपत्रिका

BENARES:

THE CHANDRAPRABHA PRESS.

काशी पत्रिका अपने ढंग की निराली थी जिसकी समता पूरे देश की कोई भी हिंदी पत्रिका नहीं कर सकती थी। 1878ई0 से ही यह पूर्णतः सरकारी पत्रिका हो गयी थी और शुद्ध हिंदी की जगह हिंदुस्तानी में छपती थी जिससे ग्रामीण क्षेत्रों के विद्यार्थियों को गणित और विज्ञान विषयों में काफी लाभ मिलता था। छात्रों के हितचिंतक मि0 हिल, मि0 जार्ज

थीबो, पं0 रमाशंकर मिश्र, बाबू आत्माराम, पं0 पिंडीशंकर, बाबू सीताराम एवं बाबू पुरुषोत्तमदास इस पत्रिका में नियमित लिखा करते थे। प्रतिवर्ष गणित के प्रश्न इस पत्रिका में प्रकाशित होते थे और उनको उत्तम क्रिया से हल करने वाले विद्यार्थियों को 20) रुपये के चार पारितोषिक मिश्रजी द्वारा प्रदान किया जाता था जिसका उद्देश्य विद्यार्थियों की तार्किक शक्ति को बढ़ाना था। काशी पत्रिका के नं0 29, 20 जुलाई, 1888, वोल्यूम VII के अंक में प्रकाशित एक प्रश्न नमूने के रुप में प्रस्तुत है–

'दो आदमी क और ख अपने मकान से घोड़े पर एक बाजार को एक ही दिन गये और लौट आयें। क उस रास्ते से गया जो निहायत नज़दीक है और बनिस्बत दूसरी राह के जिससे ख गया दो कोस कम है। लौटते वक्त जिस राह से क गया था उस राह से ख लौटा और जिस राह से ख गया था उस राह से क आया। क एक घंटा ख से पीछे चला और दोनों बाजार में ठीक एक ही वक्त पहुँचे। लौटने के वक्त दोनों एक ही वक्त पर चले और क मकान पर ख से 6 मिनट पहले पहुँचा। बतलाओं उनके घर से नजदीक की राह से बाजार कितनी दूर है और क और ख घंटे में कितने कोस के हिसाब से चलते हैं?'

लक्ष्मीशंकर मिश्र एक कुशल शिक्षक के साथ ही एक सफल शिक्षा सुधारक भी थे। 1882 ई0 में जब लार्ड रिपन ने डब्ल्यू0 डब्ल्यू0 हंटर की अध्यक्षता में एक 'शिक्षा आयोग' नियुक्त किया तो उस समय इस प्रांत से भारतेंदु हरिश्चंद्र और सर सैयद अहमद खां सदृश कुछ खास व्यक्तियों की गवाही ही ली गयी और इस प्रांत की तरफ से साक्षी देने के लिए लक्ष्मीशंकर मिश्र ही नियत किये गये थे। मिश्रजी ने कमीशन के पूछे गये प्रश्नों का उत्तर बड़ी बुद्धिमत्ता और योग्यता से दिया था जिसे सुनकर कमीशन ने भी उनकी योग्यता की प्रशंसा की थी। उनके कार्यों से प्रभावित होकर पश्चिमोत्तर प्रदेश की सरकार ने मदरसों की दशा सुधारने के लिए 1885 ई0 में उन्हें बनारस डिविजन का स्थानापन्न इंस्पेक्टर नियुक्त किया। उन्होंने अपनी लगन और कार्यकुशलता से थोड़े ही समय में मदरसों की अवस्था एकदम सुधार दी जिससे प्रभावित होकर सरकार ने 1888 ई0 में उन्हें इलाहाबाद डिविजन का भी स्थानापन्न इंस्पेक्टर नियुक्त किया। मिश्रजी ने दोनों डिविजनों का कार्य बड़ी योग्यता से सँभाला और एक मिशाल कायम की जिसे प्रदेश सरकार ने भी अपने प्रशासनिक विवरण में स्वीकार किया और लिखा–''इस वर्ष वर्नाक्युलर मिडिल स्कूलों में सफलता की सर्वाधिक प्रतिशतता अवध, बनारस और झॉसी डिविजनों द्वारा प्राप्त किया गया और इन डिविजनों में से प्रथम दो डिविजनों में सफलता की अभूतपूर्व वृद्धि का अधिकांश श्रेय दो इंस्पेक्टरों मि0 नेस्फील्ड और पं0 लक्ष्मीशंकर मिश्र को है।''

लक्ष्मीशंकर मिश्र के समय उत्तर भारत में दो ही विश्वविद्यालय थे–कलकत्ता और इलाहाबाद विश्वविद्यालय और वे दोनों ही विश्वविद्यालयों के 'फेलो' थे। वे अपने अधीन

कर्मचारियों की योग्यता और कार्यदक्षता पर पैनी दृष्टि रखते थे और उसके अनुसार ही उनकी पदोन्नति और वेतनोन्नति करते थे। परीक्षा लेने का ढंग इनका ऐसा निराला था कि उसे देखकर अध्यापकों को सहज ही में शिक्षा देने की प्रणाली का अनुभव हो जाता था।

लक्ष्मीशंकर मिश्र की प्रबंध–दक्षता और योग्यता की प्रशंसा सुनकर बंगाल के शिक्षा विभाग के डाइरेक्टर अल्फ्रेड क्राफ्ट (1877–97ई0) ने उन्हें बिहार सर्किल के इंस्पेक्टर पद के लिए आमंत्रित किया। इस प्रश्न पर जब मिश्रजी ने अपने डाइरेक्टर ह्वाइट से सम्मति मॉगी तो उनका उत्तर था 'मैं आपको यहीं इंस्पेक्टर बनाऊँगा। मैं अपने सुयोग्य और अनुभवशील कर्मचारियों को अन्यत्र भेजना अनुचित समझता हूँ।' इसका कारण यह था कि डाइरेक्टर ह्वाइट मिश्रजी की योग्यता से इतना प्रभावित थे कि शिक्षा संबंधी सुधार के जितने काम होते थे उन सबों में उनसे सम्मति लिया करते थे। यहॉ तक कि शिक्षा संबंधी नियम–पुस्तक (कोड) बनाने में भी डाइरेक्टर महोदय ने मिश्रजी से बहुत सहायता ली थी। फलस्वरूप मिश्रजी ने बिहार में विहार करना अस्वीकार कर दिया। 1892 ई0 में ह्वाइट महोदय ने मिश्रजी को अवध प्रांत का स्थानापन्न इंस्पेक्टर बना भी दिया था।

ब्रिटिश नस्लवादी नीति का प्रतिरोध :

लक्ष्मीशंकर मिश्र को भी अंग्रेजों की भेदभावपूर्ण नीति का सामना करना पड़ा। मिश्रजी जिस पद पर थे उससे बड़ा पद शिक्षा विभाग में भारतीयों को नहीं दिया जाता था और यह बात कई अंग्रेजों, विशेषकर नेस्फील्ड, को अच्छी नहीं लगती थी। इसीलिए जब ह्वाइट की जगह नेस्फील्ड शिक्षा विभाग के डाइरेक्टर हुए तो उसके थोड़े ही दिनों बाद ही उनकी मिश्रजी से अनबन हो गयी। मिश्रजी को अवध से पुनः बनारस स्थानापन्न इंस्पेक्टर के पद पर भेज दिया गया और कुछ समय बाद तो नेस्फील्ड ने यह पद ही समाप्त कर दिया और 1895 ई0 में मिश्रजी को असिस्टेंट इंस्पेक्टर का पद दे दिया गया। अंग्रेजों की भेदभावपूर्ण नीति के प्रबल विरोधी मिश्रजी ने इतना होने पर भी कभी अपने लिए शिफारिश नहीं की और न ही अंग्रेजों के सामने कभी झुके। असिस्टेंट इंस्पेक्टर के पद पर रहते हुए भी मिश्रजी इंस्पेक्टरों के अधीन कभी नहीं रहे बल्कि स्वयं ही यूरोपियन इंस्पेक्टरों की तरह सीधे डाइरेक्टर महोदय से लिखा–पढ़ी करते थे। 1903ई0 में जब लक्ष्मीशंकर मिश्र का स्थानांतरण रुहेलखंड डिविजन में कर दिया तो उन्होंने वहां जाना स्वीकार नहीं किया और पेंशन ले ली और मृत्युपर्यन्त बनारस में रहे और यहीं पर 2 दिसम्बर, 1906 ई0 को उनका स्वर्गवास हो गया। उनके स्वर्गवासी होने पर विद्वत् समाज द्वारा अत्यंत दुःख प्रकट किया गया और यह उक्ति प्रचलित हो गई :

श्री लक्ष्मीशंकर प्रवर, विद्वज्जन आधार।

हाय कासिका धाम तजि, गये ब्रह्म आगार।।

लक्ष्मीशंकर मिश्र बनारस की अधिकांश सभा–सोसाइटियों यथा बनारस इंस्टीट्यूट, काशी सुजन समाज इत्यादि के सम्मानित सभासद एवं काशी नागरीप्रचारिणी सभा के पहले निर्वाचित सभापति थे। पश्चिमोत्तर प्रदेश की सरकार ने उनकी योग्यता और प्रबंधदक्षता से प्रसन्न होकर 1889 ई0 में उन्हें "रायबहादुर" की पदवी से विभूषित किया था। उनके कार्यों का सर्वेक्षण करने से स्पष्ट होता है कि उन्होंने अपने जीवन के आरंभिक काल से ही विज्ञान और विशेषकर गणित के उन्नयन पर बल दिया। बड़े बड़े पदों पर रहते हुए और अपने व्यस्त कार्यक्रमों के दौरान भी उन्होंने लेखन कार्य किया। जिस समय उन्होंने हिंदी भाषा में लेखन कार्य आरंभ किया उस समय हिंदी स्वयं अपना स्थान पाने के लिए संघर्ष कर रही थी। ऐसे समय में देशभाषा में गणित के साथ ही विज्ञान के क्षेत्र में भी मौलिक कार्य कर मिश्रजी ने उसके महत्व को जनता में प्रचारित किया। काशी पत्रिका के माध्यम से उन्होंने विज्ञान एवं विशेषकर गणित का जो उपकार किया गया वह अविस्मरणीय था। उस पुनर्जागरण काल में अंग्रेजों की 'भेदभावपूर्ण नीति' का सामना करते हुए भी मिश्रजी कभीं नतमस्तक नहीं हुए और अपनी योग्यता से समस्त बाधाओं का सामना करते रहे और भारत में गणित और विज्ञान–लेखन का महत्वपूर्ण कार्य उसके आरंभिक दौर में कर विज्ञान–लेखन के आंदोलन को दिशा निर्देशित किया।

9. व्यावसायिक विज्ञान के प्रणेता : बाबू ठाकुरप्रसाद

आधुनिक भारतीय इतिहास में बहुत से लेखक ऐसे हुए हैं जिन्होंने हिंदी में विज्ञान–लेखन का महत्वपूर्ण कार्य कर अपने देश की महान सेवा की है। हिंदी में ऐसे विज्ञान–लेखकों में बाबू ठाकुरप्रसाद का नाम बड़े आदर से लिया जाता है। उनके लेखन का महत्व यह है कि उन्होंने अपने युग में विज्ञान के महत्व को समझा, आत्मसात किया और उस वैज्ञानिक ज्ञान को अत्यंत ही सरल भाषा में जनता तक पहुँचाने एवं जनता जनार्दन में वैज्ञानिक ज्ञान एवं वैज्ञानिक शिक्षा के प्रति प्रवृत्ति उत्पन्न करने का भगीरथ प्रयास किया था। उन्होंने अपने लेखन को पूणर्तः व्यावहारिक और लोकोपकारी बनाया और देश के लाभ के लिए सर्वसाधारण में वैज्ञानिक और व्यावसायिक शिक्षा के प्रचार को बहुत अधिक महत्व दिया। अत्यंत सरल, सादी और आडंबरविहीन भाषा में इन्होंने ऐसे ऐसे विषयों पर लेखन कार्य किया जिसका भारतीय भाषाओं में नितांत अभाव था और हिंदी पत्रकारिता में वाणिज्य और व्यवसाय जैसे विषयों को प्रारम्भ करने का सर्वथा सराहनीय कार्य किया।

बाबू ठाकुरप्रसाद (1885–1917ई0) का जन्म काशी में एक समृद्ध खत्री परिवार में हुआ था। यद्यपि इनके पिता शासन के कोष विभाग में लिपिक थे, परंतु इनके परिवार में पारंपरिक रूप से व्यवसाय का कार्य होता था। इनकी प्रारंभिक शिक्षा हिंदी, फारसी और अंग्रेजी में हुई। इन्होंने सन् 1885 ई0 में मैट्रिक की परीक्षा कलकत्ता विश्वविद्यालय से उत्तीर्ण की और एफ0 ए0 की परीक्षा देने की पूरी तैयारी कर ली थी कि अचानक इनके पिता का असामयिक देहावसान हो गया और अध्ययन में व्यवधान आ गया। फलस्वरूप ठाकुरप्रसाद ने आगे की पढ़ाई को सर्वथा तिलांजली दे दी।

पढ़ाई छोड़ने के बाद इन्होंने काशी की कचहरी में इनकम टैक्स क्लर्क की नौकरी कर ली। इसके बाद खजाने में और बाद में पुलिस विभाग में असिस्टेंट कोर्ट इंस्पेक्टर हुए। मेरठ में थानेदार के पद पर भी इन्होंने थोड़े दिन कार्य किया परन्तु इनका मन इन कार्यों में नहीं लगा और इन्होंने पुलिस विभाग की नौकरी छोड़ दी और स्वतंत्र रूप से कार्य करने लगे क्योंकि इन्हें हिंदी में विज्ञान–लेखन का महत्वपूर्ण और गौरवशली कार्य जो करना था।

स्वाध्याय से इन्होंने बॅगला और गुजराती सीखी और साथ ही हिंदी पत्र–पत्रिकाओं में लेखादि लिखने लगे। स्वाध्याय को आगे बढ़ाने के दृष्टि से ही ये काशी की *कारमाइकेल लाइब्रेरी* में 'लाइब्रेरियन' हो गये और इनकी प्रवृत्ति साहित्य की ओर तीव्रगति से बढ़ती गयी।

लेखन की ओर अधिक झुकाव होने के बाद ठाकुरप्रसाद जी ने *'विनोद वाटिका'* नामक एक मासिक पत्र निकाला। 1905 ई0 के काशी में आयोजित कांग्रेस में आप उत्साह से शामिल हुए और कांग्रेस की ओर से हुई प्रदर्शिनी में कपड़ा बुनने का काम भी सीखा। सन् 1908ई0 में ठाकुरप्रसाद ने *'व्यापारी और कारीगरी'* नामक एक पत्र निकाला जो पहले पाक्षिक फिर मासिक और बाद में त्रैमासिक प्रकाशित हुआ। सरकार के अनुरोध करने पर ठाकुरप्रसाद ने इस पत्र का उर्दू संस्करण भी *'सनअत हिरफत व मुमालिक मुतहद्द'* नाम से प्रकाशित किया। ठाकुरप्रसाद जी ने *'जमींदार'* नामक एक और पत्र का भी प्रकाशन किया। ठाकुरप्रसाद के लेखन की सबसे महत्वपूर्ण विशेषता थी व्यावहारिकता और लोकोपयोगिता और इसकी संपूर्ति के लिए ही उन्होंने **'व्यापारी और कारीगर'** नामक एक प्रेस भी खोला।

ठाकुरप्रसाद जी ने कई पुस्तकों की रचना की और ये पुस्तकें अपने लेखन–काल, विषय, उपयोगिता और महत्व की दृष्टि से अपना एक अलग ही महत्व रखती है। *'सुघड़ दर्जिन', 'देषी करघा', 'सोनारी', 'रासायनिक कोश', 'पदार्थ विज्ञान कोश, 'हमारी प्राचीन ज्योतिष', 'भूगर्भ विद्या', 'सीने की कल', 'लखनऊ की नवाबी', और 'हैदरअली'* इत्यादि महत्वपूर्ण ग्रंथ इन्होंने लिखा।

ठाकुरप्रसाद को देशज्ञान और कालज्ञान दोनों प्रचुर मात्रा में प्राप्त था और इतिहास विषय में भी वे अद्भुत दक्षता रखते थे। उनको अपने देश के व्यापार और वाणिज्य की पहले क्या अवस्था थी और उस समय में क्या हो गयी थी? का भी पूरा ज्ञान था और इसके विनाश के पीछे ब्रिटिश शासन ही जिम्मेदार है, इस बात का भी उन्हें ज्ञान था और ब्रिटिश शासन के अत्यधिक दबाव के कारण वे इस विषय पर अधिक नहीं लिख सकते, इस बात को भी बड़ी यथाथर्ता से उन्होंने अपनी पुस्तक में स्वीकार किया।

20वीं सदी के प्रथम दशक में और खासकर बंगाल विभाजन और स्वदेशी आंदोलन के दौरान भारतीय व्यापार और वाणिज्य की ओर जिस प्रकार प्रवृत्त हो रहे थे और कारखानों के खुलने और घाटा होने पर बंद होने का जो क्रम चल रहा था, उसका चित्रण उन्होंने बखूबी किया और आगाह किया कि किसी भी चीज का पूरा ज्ञान प्राप्त किये बिना कार्य करना घाटा उठाना है। उन्होंने लिखा कि "भारतवर्ष के पढ़े लिखों का ध्यान भाग्यवश अब व्यवसाय और देश के व्यापार की तरक्की की तरफ मुड़ा देखकर चित्त को हर्ष होता है। यह शुभ चिन्ह भारत के लिए बड़े भाग्य से उदय हुआ है। आजकल लोगों की ज्यादातर इच्छा स्वदेशी कपड़े बनाने और उसके बर्तनें की बहुत हो रही है। कई जगहों में कई छोटे छोटे करघे चलाने के कारखाने खुले भी लेकिन अधिक लाभ न होने से कई कारखाने बंद भी हो गये।

यह बात सपष्ट ही है कि बिना जाने किसी काम के करने में पहिले एकदम सफलता नहीं होती, कारीगरों के भरोसे कारखाने खोलकर मुनाफ़ा उठाने का ख़याल रखना भूल है।''

ठाकुरप्रसाद जी ने ऐसे समय में हिंदी में विज्ञान–लेखन का कार्य शुरु किया जब उसकी अत्यधिक आवश्यकता थी और दूसरा कारण यह भी था कि हमारे देश की अंग्रेज सरकार व्यावसायिक और वैज्ञानिक शिक्षा देने का कोई प्रबंध नहीं कर रही थी और न ही इस तरह के स्कूल/कालेज ही खोल रही थी। देशी करघा नामक पुस्तक में इस बात को स्पष्ट ही लिखा है कि ''करघा चलाने की विद्या यद्यपि पुरानी है लेकिन भारतवर्ष में कोई भी हुनर सिखाने का मदरसा नहीं है, इस कारण से बहुत से उत्साहियों के उत्साह भी उठ उठ कर रह जाते हैं। इन बातों को सोचकर यह छोटी सी किताब लिखकर अपने देशवासियों की सेवा में अपर्ण की जाती है कि जिसके द्वारा वे लोग कम से कम करघा चलाने के सिद्धांतों को जान लेवें और यह भी समझ लेवें कि किन–किन बातों की ज्यादा जरुरत करघे चलाने में पडा करती है।''

ठाकुरप्रसाद जी ने ऐतिहासिक प्रमाणों के आधार पर बताया है कि भारत में प्राचीन काल से ही रुई का उत्पादन होता है और ऋग्वैदिक काल से ही भारत में सूती कपड़े का प्रचलन था। उन्होंने लिखा कि ''हिन्दुस्तान में रुई अर्थात् सूत के कपड़े हजारों वर्ष से बनाये जाते हैं। कब से कपड़ा बिनना यहॉ के लोगों ने सीखा वा कब से इस देश में कपड़ा बिना जाने लगा इसका अंदाजा भी लगाना सहज नहीं है। सबसे ज्यादा पुराने ग्रंथों और किताबों में भी इस का वर्णन पाया जाता है। यूरोप के विद्वान भी वेद को सबसे पुराना ग्रंथ मानते हैं,उसमें भी कपड़े और उनके बिनने की चर्चा पाई जाती है। ऋग्वेद में कई मंत्र हैं कि जिन में कपड़ों और उनके बिनने का ब्यान साफ–साफ आया है।'' अपने मत के प्रमाण में प्रसिद्ध इतिहासविद् रमेशचंद्र दत्त की पुस्तक 'एंशेंट इंडिया' का उद्धरण दोहराते हुए संदर्भ दिया कि ''ऋग्वेद की कई ऋचाओं में कई तरह की कारीगरियों और शिल्पकारियों का वर्णन है जो उन्नत दशा को पहुँची हुई थी। कपड़े बिनने की कारीगरी भी लोग अच्छी तरह जानते थे। स्त्रियों की दक्ष उंग्लिय महीन से महीन सूत और ताने बाने वैसे ही कातती थीं जैसे कि अब कतते हैं। एक मंत्र में ताने बाने का उदाहरण देकर एक ऋषि कहते हैं कि ''धर्म का विषय इतना बड़ा गूढ़ और सूक्ष्म है कि मैं न उसका ताना जानता हूॅ और न उसका बाना जानता हूॅ।''

वेदों के अलावा मनुस्मृति और अन्य ग्रंथों के प्रमाण के साथ ही पुरातात्विक साक्ष्य का भी प्रमाण देते हुए ठाकुरप्रसाद जी ने अपने मत की पुष्टि में साक्षी दी कि ''तीन चार हजार वर्ष पहिले की मूर्तियां, जो पुराने मंदिरों में बनीं हुई हैं वा प्राचीन समय की बनी मूर्तियां जो जमीन के अंदर से दबी हुई मिली हैं, उनमें उनके वस्त्र, गहनें इत्यादि भी खोदकर दिखाये गये हैं। इससे भी इस विद्या की प्राचीनता प्रगट होती है।''

सूती कपड़े का प्रचार सर्वप्रथम किस देश में हुआ, इस बात को साक्ष्यों और प्रमाणों के आधार पर सिद्ध किया कि भारत में ही सर्वप्रथम सूती कपड़े का प्रचलन हुआ– ''यूनान के प्राचीन ग्रंथों में कपास का कहीं उल्लेख नहीं मिलता। रुई के पेड़ का वर्णन सबसे पहले हेरोडोटस ने अपनी पुस्तक में बड़े आश्चर्य के साथ किया है जैसे इससे पहले यूनान में कोई जानता ही नहीं था। वह लिखता है हिन्दुस्तान में एक ऐसा जंगली पेड़ होता है जिसके फल के अंदर ऊन निकलता है, जो भेंड़ के ऊन से भी सुंदर और उत्तम है और भारतवासी लोग इसी के कपड़े बनाकर पहिनते हैं''

ठाकुरप्रसाद की देशी करघा नामक पुस्तक अत्यंत ही महत्वपूर्ण थी। इस पुस्तक में सूत बनाने के नमूने, बिनावट और उसकी तरजों के साथ ही साथ विभिन्न चीजों को आंकड़ों और नमूनों द्वारा दिखाया है। भारतीय भाषाओं में इस प्रकार की प्रथम पुस्तक लिखने पर ए0 सी0 चटर्जी, सी0 एस0 आई0 ने ठाकुरप्रसाद को बधाई दी थी और उन्हें लिखा था कि "I have been much pleased to read your book on Hand-loom weaving------the first book on the subject in the vernacular, I hope it will have a good sale and your laudable will meet with due recognition."

ठाकुरप्रसाद जी ने स्त्री शिक्षा पर भी बल दिया और खासकर उन्हें सिलाई–कढ़ाई और घर गृहस्थी की उत्तम शिक्षा दिये जाने का समर्थन किया। उन्हीं के शब्दों में ''आजकल स्त्री शिक्षा की बड़ी धूम है और इस पर बड़ा जोर दिया जा रहा है। ऐसा होना भी चाहिए क्योंकि यदि स्त्रियों को यथायोग्य शिक्षा दी जाय जिससे कि घर गृहस्थी के कामों में वे चतुर और सुघड़ हो जॉय तो मानों सोना और सुगंध हो जाय, इस में किस को विरोध हो सकता है।''

ठाकुरप्रसाद जी ने अपने देश की अवस्था को देखते हुए सिलाई–कढ़ाई की शिक्षा पर विशेष बल दिया और उसकी उपयोगिता को इन शब्दों में व्याख्यायित किया ''परमेश्वर ने इन हाथों की दसों उंगलियों में ही धन सम्पत्ति और सुघड़ता को सिरजा है, जिसकी सम्पत्ति आजीवन घटती नहीं। इन्हीं उंगलियों की कारीगरी कुसमय आन पड़ने पर काम देती है। जिन लोगों को कोई हाथ की कारीगरी आती होगी वे कभी किसी के मुहताज न रह सकेंगे।'' उन्होने सुघड़ दर्जिन नामक आठ अध्यायों में विभाजित अपनी पुस्तक में सिलाई की जरूरी चीजें,, टॉके की किस्में, हुनर की सिलाईयां, मरम्मत की तरकीबें, कसीदे/बेलबूटे बनाना इत्यादि बातों को विविध उदाहरणो द्वारा समझाया और अपने देशवासियों को एक बहुमूल्य तोहफा दिया।

ठाकुरप्रसाद जी ने अपने देश के व्यापारियों और छोटे कारीगरों के हित को ध्यान में रखकर 'जगत पदार्थ विज्ञान कोश' नामक ग्रंथ लिखा। उनके ग्रंथ लिखने का क्या अभिप्राय

था, यह उन्होंने स्वयं ही बड़े स्पष्ट शब्दों में लिखा कि ''इस ग्रंथ के प्रस्तुत करने का अभिप्राय और लक्ष्य यह है कि भिन्न–भिन्न पदार्थ के विषय में संक्षेप वृत्तांत उनके व्यापारिक उपयोग का लिखा जाय और यह बतलाया जाय कि कि वे कहॉ होते हैं, किस काम आते हैं, किस प्रकार से वे व्यवहार और व्यापार के योग्य बनाये जाते हैं और उनका कितना व्यापार होता रहता है–विशेष करके हिंदुस्तान में –इत्यादि इत्यादि। यह तो व्यापारियों के लाभ की बातें हुईं। कारीगरों और दस्तकारों के हितार्थ भी छोटे छोटे लाभकारी नये–नये लटके और विधान तद्–तद् विषयों के अंतर्गत लिख दिये गये हैं कि जिन की सहायता से वे लोग बिना अधिक परिश्रम के उत्तम काम तैयार कर सकते हैं''।

हिंदी भाषा में ऐसे ग्रंथों का अभाव देखकर और उसी की पूर्ति के निमित्त ग्रंथकर्ता ने लोकोपकारार्थ परिश्रम करके अनेक मान्य ग्रंथों और सरकारी रिपोर्टों इत्यादि से संग्रहकर इस पुस्तक का संपादन किया। इस पुस्तक के लेखन में विषय का क्रम बहुत ही सीधा रखा और पदार्थों के नाम अंग्रेजी वर्णमाला क्रम से अंग्रेजी में दिये। 402 पृष्ठों में पुस्तक का मूल लिखा गया और अंत के 14 पृष्ठों में पुस्तक में जो अंग्रेजी शब्द दिये गये हैं उसके नाम की हिंदी सूची दी। अपने किस्म की इस अद्भुत पुस्तक की रचना कर ठाकुरप्रसाद जी ने अपने देशवासियों का बड़ा उपकार किया था।

ठाकुरप्रसाद जी ने जिस **'व्यापारी और कारीगर'** नामक पत्र का प्रकाशन किया उसका मूल उद्देश्य व्यापार और वाणिज्य के लाभों से देशवासियों को परिचित कराना और भारतवासियों को उसकी ओर प्रवृत्त करना था। इस पत्र का क्या महत्व था यह बात विविध पुस्तकों और समाचार पत्रों में इस पत्र के विषय में जो नोटिसे छपती थीं, उसी से स्पष्ट हो जाता है। नोटिस इस प्रकार छपती थी–''अगर आप देश की असली और असीम दौलत को जानना चाहते हैं, अगर आप अपना व्यवसाय और रोजगार बढ़ाना चाहते हैं, अगर आप दौलतमंद हुआ चाहते हैं, अगर आप अपने देश का रोजगार बढ़ाना चाहते हैं, अगर आप अपने देश का उपकार किया चाहते हैं, अगर आप अपनी भूमि माता के असीम धन और लक्ष्मी को अपने ही पास रखना चाहते हैं तो आप **'व्यापारी और कारीगर'** नामक पत्र को मॅगाकर पढ़िए और मातृभूमि के ख़जाने में से जितना चाहिए धन दौलत लेकर अपना जीवन सुफल कीजिए। यह सचित्र पत्र हर पंद्रहवें दिन उत्तम कागज़ पर निहायत सफाई के साथ छपता है, लेकिन इसका सालाना दाम डाक महसूल सहित केवल 2) ही इसलिए रक्खा गया है कि हर शख्स़ सस्ते दामों इसे खरीद कर सके और अपनी मातृभूमि वसुंधरा के अमूल्य रत्नों को जानकर दौलत हासिल कर सके।''

22 मई, 1894 ई0 को ठाकुरप्रसादजी ने हिंदी की आदि मातृसंस्था काशी नागरीप्रचारिणी सभा की सदस्यता ग्रहण की। 1898 ई0 में सभा ने हिंदी में वैज्ञानिक शब्दकोश का अभाव देखकर एक वैज्ञानिक कोश बनाने का निर्णय लिया और संवत् 1955 (31 अक्टूबर, 1898) में

एक उपसमिति इस कार्य के लिए बना दी। इस समिति में निम्नलिखित सदस्य चुने गये थे–सर्वश्री लक्ष्मीशंकर मिश्र, म0म0 सुधाकर द्विवेदी, अभयचरण सान्याल, कार्तिकप्रसाद, रामनारायण मिश्र और श्यामसुन्दरदास। इस समिति ने यह निश्चय किया कि आरम्भ में भूगोल, गणित, ज्योतिष, अर्थशास्त्र, पदार्थ–विज्ञान, रसायन–शास्त्र तथा दर्शन के शब्दों का संग्रह वेवस्टर की डिक्शनरी से किया जाय। ऐसा ही किया गया और जो अस्थायी शब्दकोश (Tentative glossary) सभा द्वारा तैयार की गई उसके सदस्य निम्नलिखित थे–

नक्षत्रशास्त्र	–	महामहोपाध्याय पंडित सुधाकर द्विवेदी
रसायन शास्त्र	–	बाबू ठाकुर प्रसाद
गणित शास्त्र	–	महामहोपाध्याय पंडित सुधाकर द्विवेदी
दर्शनशास्त्र	–	पंडित महावीर प्रसाद द्विवेदी
भौतिकशास्त्र	–	बाबू ठाकुर प्रसाद
राजनीतिक अर्थशास्त्र	–	पंडित माधवराव सप्रे वी0ए0

सभा ने इस कार्य को विभिन्न उपसमितियों में बॉटकर पूरा किया और निश्चय किया गया कि प्रूफ के लिए विज्ञान के शब्द इन महाशयों के पास भेजे जायँ– बाबू भगवानदास, बाबू भगवतीसहाय, बाबू दुर्गाप्रसाद, पं0 गंगानाथ झा, लाला खुशीराम, प्रो0 रानाडे, पं0 सुधाकर द्विवेदी, बाबू ठाकुरप्रसाद, पं0 विनायक राव और बाबू श्यामसुन्दर दास। यह कार्य इसी तरह किया गया और 30 जून, 1906 को जाकर यह 8 वर्षों के निरन्तर उद्योग और परिश्रम तथा अनेक विद्वानों के सहयोग से पूर्ण तथा संपन्न हुआ। इस महत्वपूर्ण कार्य में किन विद्वानों का सहयोग लिया गया, इसके अवलोकन से ही स्पष्ट हो जायेगा कि इस कार्य में देश के समस्त शिक्षाशास्त्रियों का योग था, जिसकी सूची श्यामसुन्दरदास जी ने शब्दकोश में दी है।

इस प्रकार सभा के अथक प्रयास से यह वैज्ञानिक कोश 1906ई0 में छपकर तैयार हुआ। इस शब्दकोश के विषय, लेखक, शब्द–संख्या इस प्रकार है :

विषय	लेखक	अंग्रेजी शब्द	हिंदी शब्द
भूगोल	बाबू श्यामसुन्दरदास, बी0ए0	457	532
खगोलशास्त्र	पं0 सुधाकर द्विवेदी	813	948
राजनीतिक अर्थशास्त्र	पं0माधवराव सप्रे	1320	2115
रसायन शास्त्र	बाबू ठाकुर प्रसाद	1638	2212
भौतिक शास्त्र	बाबू ठाकुर प्रसाद	1327	1541
दर्शन शास्त्र	पं0 महावीरप्रसाद द्विवेदी	3511	7198
गणितशास्त्र	पं0 सुधाकर द्विवेदी	124	1580

....

श्रोत– हिंदी साइंटिफिक ग्लॉसरी

1906ई0 में इस कोश के प्रकाशित होने पर देश भर के विद्वानों और सभा समाजों से सभा को बधाई पत्र प्राप्त हुए। यहां तक कि इंगलैण्ड के वैज्ञानिक पत्रों में भी इस कृति की सुन्दर समालोचना हुई थी। भारतीय भाषाओं में वैज्ञानिक कोश होने का सर्वप्रथम सौभाग्य ना0 प्र0 सभा के उद्योग से हिंदी को ही प्राप्त हुआ। इस कोश का एक संस्करण कन्नड़ में प्रकाशित हुआ, गुजराती और मराठी के कोशों में इसके शब्द संमिलित होने लगे और मद्रास की भाषाओं में जो विज्ञान विषयक ग्रंथ उस समय लिखे गये उनमें इसी कोश से सहायता ली गई। इस प्रकार सांस्थिक और सुनियोजित रूप में सभा ने एक महान कार्य किया जिसमें बाबू ठाकुरप्रसाद जी का इतना महत्वपूर्ण योगदान था कि उन्हें अंतरिम समिति, संशोधन समिति और संपादकीय समिति तीनों में ही महत्वपूर्ण स्थान दिया गया और कोश के सबसे महत्वपूर्ण भाग रसायन शास्त्र और भौतिक शास्त्र के शब्दकोश को उन्होंने अकेले ही तैयार किया था।

सन् 1900 ई0 से काशी नागरीप्रचारिणी सभा ने दो रजत पदक–एक साधारण विषय के लिए और दूसरा विज्ञान विषय के लिए देना आरंभ किया। सभा के विज्ञान विषयक प्रारम्भिक तीन रजत पदक ठाकुरप्रसाद जी ने ही जीते थे जिनके विषय क्रमशः भूगर्भ विद्या (संवत् 1961), ज्योतिष् शास्त्र (संवत् 1962), और ध्रुवीय देश (संवत् 1964) थे। इनमें से भूगर्भ विद्या और ध्रुवीय देश नागरीप्रचारिणी पत्रिका में क्रमशः 1906 ई0 और 1908 ई0 में प्रकाशित हुए और ज्योतिष शास्त्र पुस्तकाकार प्रकाशित हुई थी।

बाबू ठाकुरप्रसाद ने 19वीं सदी के अंतिम दशक से ही हिंदी में विज्ञान–लेखन का कार्य आरंभ किया। विज्ञान के महत्व को समझने वाले व्यक्तियों में उनका नाम अग्रिम पंक्ति में था। उन्होंने विज्ञान के महत्व को अत्यंत ही सरल भाषा में जनता तक पहुॅचाने का प्रयास किया और साथ ही अंग्रेजों की विज्ञान नीति का भी यथासंभव खुलासा किया। उन्होंने हिंदी में ऐसे ऐसे विषयों पर लेखन कार्य किया जिस पर उस समय तक किसी की भी दृष्टि नहीं गयी थी और वाणिज्य तथा व्यापार, जो किसी भी देश की उन्नति का प्रमुख माध्यम है, पर हिंदी में सर्वप्रथम लेखन करने और वाणिज्यिक पत्रकारिता को आरंभ करने का श्रेय बाबू ठाकुरप्रसाद को ही प्राप्त है। काशी नागरीप्रचारिणी सभा के मंच से हिंदी वैज्ञानिक शब्दावली के निर्माण में इन्होंने जो योगदान दिया उसने इनकी ख्याति को दिगदिदंतव्यापी बना दिया और इन्हें भारत के महान विद्वानों की श्रेणी में ला खड़ा कर दिया। निःसंदेह, केवल मैट्रिक तक की पढ़ाई कर हिंदी भाषा में विज्ञान के क्षेत्र में इन्होंने जो कार्य किया उससे इनका नाम युगों तक सम्मान के साथ याद किया जायेगा।

10. विज्ञान संचचारक बाबू कार्तिकप्रसाद खत्री

आधुनिक भारत में हिंदी आंदोलन के साथ ही हिंदी में विज्ञान के लेखन, प्रचार–प्रसार एवं लोकप्रियकरण के शुरुआती दौर में जिन व्यक्तियों ने अग्रणी एवं निर्णायक भूमिका निभाई उनमें बाबू कार्तिकप्रसाद खत्री का नाम काफी महत्वपूर्ण है। अहिंदी भाषी होते हुए भी आजीवन हिंदी में लेखन, पत्रकारिता, संगठन एवं चिकित्सा का कार्य किया और समस्त भौतिक सुखों का त्याग करते हुए भारतेंदुजी के समान हिंदी के लिए अपना सर्वस्व होम कर दिया। उस नवजागरण काल में उन्होंने पाश्चात्य एवं प्राच्य विज्ञानो का उद्‌भुत समायोजन करते हुए भारतीय परिवेश के अनुरूप, भारतीयों के हित में उन्हीं की भाषा में वैज्ञानिक ज्ञान को रक्खा और उन्हें विज्ञान की ओर प्रेरित करने का प्रयास किया।

बाबू कार्तिकप्रसाद खत्री का जन्म संवत् 1908 अगहन बदी 7मी (अर्थात् 30 नवम्बर, 1851ई0) को कलकत्ता में हुआ था। इनके पिता का नाम बलदेवप्रसाद खत्री एवं पितामह का नाम बाबू गोविन्ददास था। इनका परिवार काफी समृद्ध एवं प्रसिद्ध था इसलिए उसी के अनुरूप इनका पालन–पोषण भी हुआ। 1870ई0 में, जब ये मात्र ऐंट्रेंस में थे, तभीं थोड़े अंतराल के बाद ही इनके माता–पिता का देहांत हो गया और गृहस्थी का सारा बोझ इन पर आ गया, जिसके कारण ऐंट्रेंस परीक्षा उत्तीर्ण करने के बाद पढ़ाई से विरत हो गये। बाद में ये वैद्यक का ज्ञान अर्जन किये और उसमें काफी प्रवीण भी हुए, पर फिर भी ये पत्रकारिता की ओर झुके और उसे ही अपने जीवन निर्वाह का आधार बनाया।

बाल्यावस्था में ही 'सारसुधानिधि' के संपादक पं0 सदानंदजी के संपर्क में आनेपर बाबू कार्तिकप्रसाद में हिंदी के प्रति अनन्य अनुराग जगा जो जीवनपर्यन्त कभीं कम नहीं हुआ। केवल 14 वर्ष की आयु में ही इन्होंने ''जन्मभूमि'' और ''अन्न से मनुष्य की उत्पत्ति'' (अर्थात् गर्भावस्था में क्योंकर जीव उत्पन्न होता है?) शीर्षक निबंध लिखकर सबको चकित कर दिया था। इन्होंने 1871ई0 में अहिंदी प्रांत कलकत्ता से 'प्रेम विलासिनी' नामक एक हिंदी मासिक पत्रिका निकाली और 1871–72 ई0 में ही 'हिंदी–दीप–प्रकाश' नामक एक साप्ताहिक हिंदी पत्र का भी संपादन–प्रकाशन आरम्भ किया। इन्होंने जब यह पत्र निकाला उस समय हिंदी पाठकों का सर्वथा अभाव था इसलिए पत्र के प्रचार–प्रसार के लिए ये जगह–जगह घूमकर उसके ग्राहक बनाते थे और कहीं–कहीं तो स्वयं ही अपनी पत्रिका लोगों को सुनाकर उन्हें उसकी ओर आकर्षित करते थे। जब इन्होंने अपना पत्र निकाला था तो उस समय केवल 'कविवचनसुधा' ही एकमात्र हिंदी में पत्रिका थी, इसी से इनके साहस और हिंदी प्रेम का परिचय मिलता है। पत्र के लिए अत्यधिक परिश्रम करने पर भी गहन अर्थ संकट और घनघोर उपेक्षा के बावजूद भी ये अपने पत्र को चलाते ही रहे, किंतु ऐसी स्थिति में वह कैसे

चलता? फलतः विवश होकर उसे बंद कर देना पड़ा। 'हिंदी–दीप–प्रकाश' के संपादन के साथ ही इन्होंने 'नंदकोश' नामक एक कोश लिखकर उसका संपादन किया और 'सारस्वत व्याकरण' के पूवार्द्ध का अनुवाद करके 'सारस्वत दीपिका' नाम से और केशवदेव कृत वैद्यक के 'निघण्ट' को भी अकारादिक्रम से लिखा।

11 वर्ष रीवां में रहने के बाद खत्री जी 1884ई0 में काशी आ गये और आने पर इन्होंने बाबू रामकृष्ण वर्मा के 'भारतजीवन' नामक साप्ताहिक हिंदी पत्र में संपादन कार्य करने लगे और इनके संपादन का प्रतिफल यह हुआ कि थोड़े ही दिनों में यह पत्र काफी प्रसिद्ध हो गया और 1888–1889ई0 तक तो यह पश्चिमोत्तर प्रदेश और अवध का सर्वाधिक वितरित होने वाला समाचार पत्र बन गया था। इस पत्र में कांग्रेस के साथ ही तत्कालीन अन्य संस्थाओं के अलावा राजनीति, समाज सुधार, अर्थव्यवस्था, कारीगरी के साथ ही भारत एवं भारत से बाहर घटित होने वाली घटनाओं एवं ज्ञान–विज्ञान की ज्ञानवर्द्धक बातें प्रकाशित की जाती थीं।

हिंदी आंदोलन में भी इन्होंने महत्वपूर्ण भूमिका निभाई थी। 1884ई0 में रीवॉ से काशी आने पर भारतेंदुजी के संपर्क में आकर पूरे मनोयोग से हिंदी का प्रचार करने लगे। 1884ई0 में ही, बलिया बन्दोबस्त के दौरान वहां की कचहरी में हिंदी को दफ्तर की भाषा करने की बात छिड़ी हुई थी और हिंदी–उर्दू आन्दोलन चरम पर था। ऐसे में बलिया के लोगों ने भारतेंदुजी से सहयोग मॉगा तो भारतेंदुजी ने खत्रीजी को ही वहां भेजा। खत्रीजी वहां 17–18 दिनों तक आंदोलन किये और प्रभाव ऐसा रहा कि हिंदी की विजय करके ही आये।

जब 16 जुलाई, 1893ई0 को काशी में 'नागरीप्रचारिणी सभा' की स्थापना हुई, तब यह संस्था मात्र बालकों की एक वाद–विवाद संस्था मात्र ही थी। उस समय बाबू कार्तिकप्रसाद ही पहले व्यक्ति थे जिन्होंने बिना किसी संकोच के इस संस्था की सहायता की और इसके कर्णधार बने, जो कि हिंदी की विश्वविख्यात् संस्था सिद्ध हुई। जबकि वास्तविकता यह है कि उस समय बाबू कार्तिकप्रसाद 'भारत जीवन' नामक तत्कालीन हिंदी के सबसे प्रसिद्ध समाचार–पत्र के संपादक थे और सभा बालकों की संस्था मात्र, फिर भी इन्होंने हिंदी के नाम पर सभा की सहायता की थी।

जून, 1896ई0 से नागरीप्रचारिणी सभा ने 'नागरीप्रचारिणी पत्रिका' का प्रकाशन आरंभ किया। पत्रिका निकालने के संदर्भ में 11 मई, 1896ई0 की सभा की बैठक में काफी वाद–विवाद हुआ और अंत में सर्वसम्मति से जो निश्चय हुआ उसके अनुसार 'पत्र त्रैमासिक निकाला जाय, इसका नाम 'नागरीप्रचारिणी पत्रिका' रहे, इसमें नियत 6 फर्मे अर्थात् 48 पृष्ठ रहा करें, इसमें इतिहास, साहित्य, भाषा तत्व, भू–तत्व, पुरातत्व आदि विद्याविषयक लेख रहा करें, इसके संपादक एक वर्ष के लिए बाबू श्यामसुन्दर दास नियत किये जाय और जो लेख इस इस पत्रिका में छॉपे जॉय, वे परीक्षक कमेटी की स्वीकृति के बाद छापे जॉय''। इस

निश्चय के अनुसार लेखों के प्रकाशन के पूर्व लेख सभा में पढ़े जाते थे, उसके बाद संपादक मण्डल, जिनमें पं0 लक्ष्मीशंकर मिश्र, बाबू राधाकृष्णदास, जगन्नाथदास 'रत्नाकर', देवकीनंदन खत्री और बाबू कार्तिकप्रसाद खत्री जैसे दिग्गज पत्रकार थे, उनपर विचार करती थी और अंत में संपादक की देखभाल के पश्चात् प्रेस में भेंजे जाते थे। संस्थागत पत्रकारिता, शोध और परीक्षक–कमेटी का प्रावधान भारतीय भाषाओं में सर्वप्रथम नागरीप्रचारिणी पत्रिका के प्रकाशन से आरम्भ होता है और इसमें कार्तिक प्रसाद खत्री की महत्वपूर्ण भूमिका थी।

इंडियन प्रेस, इलाहाबाद के स्वामी द्वारा काशी की नागरीप्रचारिणी सभा से बार–बार आग्रह करने पर सभा के तत्वावधान में जनवरी, 1900ई0 से 'सरस्वती' नामक सचित्र पत्रिका का प्रकाशन आरंभ हुआ। सभा ने इस कार्य हेतु सर्वश्री श्यामसुन्दर दास, राधाकृष्णदास, जगन्नाथदास 'रत्नाकर', कार्तिकप्रसाद और किशोरीलाल गोस्वामी–इन पॉच विद्वानों की एक संपादक–समिति, जिसमें बाबू कार्तिकप्रसाद का नाम केंद्र में था और वे ही सेक्रेटरी थे, नियत कर दी। इसी समिति के संपादकत्व में सभा के अनुमोदन पर जनवरी, 1900ई0 में इंडियन प्रेस से 'सरस्वती' नामक सचित्र मासिक पत्रिका (हिंदी में) प्रकाशित हुई। उसके मुखपृष्ठ पर 'काशी–नागरी प्रचारिणी सभा के अनुमोदन से प्रतिष्ठित' शब्दावली प्रत्येक अंक पर मुद्रित रहती थी। डिमाई अठपेजी आकार और 32 पृष्ठों की पत्रिका 'सरस्वती' निकली जिस पर अंकित रहता था–'सरस्वती श्रुति महती न हीयताम्'। इस पत्रिका में संपादक मण्डल ने विज्ञान विषय को प्रथम अंक से ही प्रमुखता दी और इस संदर्भ में अपनी संपादकीय में ही, जो कि संपादक मण्डल द्वारा लिखा गया था, प्रकाशित किया कि ''यह केवल इसी से अनुमान करना चाहिए कि इसका नाम सरस्वती है। इसमें गद्य, पद्य, काव्य, नाटक, उपन्यास, चम्पू, इतिहास, जीवन–चरित्र, पश्य, हास्य, परिहास, कौतुक, पुरावृत्त, विज्ञान, शिल्प, कलाकौशल आदि साहित्य के यावतीय विषयों का यथावकाश समावेश रहेगा और आगत ग्रन्थादिकों की यथोचित समालोचना की जायेगी।''पत्रिका के प्रथम अंक में भूमिका के अतिरिक्त निम्नलिखित लेख प्रकाशित हुए–

भूमिका	संपादक समिति
भारतेन्दु हरिश्चन्द्र	बाबू राधाकृष्णदास
सिंबेलिन	बाबू राधाकृष्णदास
प्रकृति की विचित्रता	पं0 किशोरीलाल गोस्वामी
कश्मीर यात्रा	बाबू कार्तिकप्रसाद
कविकीर्ति कलानिधि	पं0 किशोरीलाल गोस्वामी
आलोकचित्रण अथवा फोटोग्राफी	बाबू श्यामसुन्दर दास

बाबू कार्तिकप्रसाद उच्चकोटि के संगठक और कुशल पत्रकार होने के साथ ही एक उत्कृष्ट लेखक भी थे। ऊषाहरण', जया, प्रमिला, दीनानाथ, मधुमालती, कुलटा, पाकराज, ईला, प्रातः स्मरण, सतीयत्व रक्षा, रेल का विकट खेल, शिवाजी, विक्रमादित्य, अहिल्याबाई, मीराबाई और कविता रत्नाकर जैसी पुस्तकों के साथ ही वणिकबन्धु, शृंगारदान और गो चिकित्सा जैसी महत्वपूर्ण विज्ञान विषयक पुस्तकें भी लिखीं।

बाबू कार्तिकप्रसाद एक महान चिकित्सक भी थे और औषधि निर्माण का भी उन्हें अच्छा ज्ञान था। क्या 'वैज्ञानिक का बेटा वैज्ञानिक' और 'पहलवान का बेटा पहलवान' हो सकता है? के वैज्ञानिक कथन को पूरी तरह चरितार्थ करते हुए वे भी अपने वंश की तीसरी पीढ़ी में एक महान चिकित्सक हुए। इनके दादा बाबू गोविन्दप्रसाद महान वैद्य थे जिसके कायल महाराजा भरतपुर और स्वयं भारत के गवर्नर जनरल लार्ड विलियम बेंटिक थे। इनके औषधिय गुणों पर मोहित हो विलियम बेंटिक (बेंटिक के सामने ही औषधि से एक मुद्रा को भस्म बना दिया था) ने इन्हें 200रु0 मासिक वेतन पर उन भारतीय राजों–महाराजों का चिकित्सक नियुक्त किया था जो कैद होकर आयें और अंग्रेजी दवा न खायें। इनके पिताजी बाबू बलदेवप्रसाद जी भी महान वैद्य थे और कलकत्ते में हिन्दुस्तानियों के अतिरिक्त अंग्रेज, यहूदी और मुसलमान तक इनकी चिकित्सा बड़े उत्साह से कराते थे। इन्होंने तो यह प्रण कर रक्खा था कि 'क्षत्री (खत्री) और सारस्वत ब्राह्मण (जो खत्री मात्र के पुरोहित होते हैं) के यहां बिना फीस लिए ही चिकित्सा करुँगा।'

इसी क्रम में तीसरी पीढ़ी में बाबू कार्तिकप्रसाद हुए। 1870ई0 तक ही, जब ये विद्यार्थी ही थे, वैद्यक शास्त्र में 'सारंगधर', 'माधवनिदान', 'रसरत्नाकर' तथा सुश्रुत का 'शारीरिक स्थान' आदि ग्रंथ भलीभॉति पढ़ और समझ लिए थे। चिकित्सा करने की शैली का इन्हें बहुत अच्छा अनुभव था। इन्होंने कितने ही असाध्य रोगियों को अच्छा किया था। यद्यपि ये चिकित्सा वृत्ति नहीं करते थे परंतु चिकित्सा करने से विमुख भी नहीं होते थे। रोग परीक्षा और नाड़ी ज्ञान इनका इतना अच्छा था कि भले ही लोग चिकित्सा दूसरे वैद्य से कराते किंतु रोग के संबन्ध में चिकित्सा क्रम में इनकी अनुमति अवश्य लेते थे।

मानव के साथ ही पशु चिकित्सा के भी ये बहुत बड़े पक्षधर थे और गो चिकित्सा नामक अपनी पुस्तक की प्रस्तावना में पशु स्वामियों से उनका ध्यान रखन की बात कही और लिखा कि ''जानना चाहिये कि जैसे मनुष्य मात्र के शरीर में अनन्त प्रकार के रोग उत्पन्न हुआ करते हैं उसी प्रकार चौपायों को रोग हुआ करते हैं। भेद इतना ही है कि मनुष्य में वाक्य शक्ति है इससे जहां उसके स्वाभाविक स्वास्थ में कुछ भी व्यतिक्रम हुआ कि उसने अपने आत्मीय सुजनों से कहा और अपने अरिष्ट निवारण का प्रयत्न करने लगा, परन्तु पशू में बोलने की और और अपने सुख दुख कहने की शक्ति नहीं है इससे यह धर्म्म उसके रक्षक का है, कि उसके आहारादि से उसके शारीरिक स्वास्थ का विचार और परीक्षा करता रहे।''

जब उन्होंने यह ग्रंथ लिखा उस समय ऐसे ग्रंथों का नितांत अभाव था और जो कुछ थे भी उनसे जनता लाभान्वित नहीं थी। पुस्तक लेखन के प्रयोजन को उपस्थित करते हुए उन्होंने स्वयं लिखा था कि ''आज दिन हमारे यहां पशु चिकित्सा विषयक अनेक ग्रंथ तो छपे हैं परंतु वे ऐसे सुगम नहीं हैं कि जिनके सहारे से सर्ब साधारण पढ़–अपढ़ लोग सम्यक प्रकार से चिकित्सा करने में निपुण हो जावें। इस लिये बैल गौओं की सरल चिकित्सा का ''गो चिकित्सा'' नामक एक छोटा सा ग्रंथ बनाने का प्रयास किया गया है''।

'गो चिकित्सा' नामक इस 46 पृष्ठीय पुस्तक में गाय की नाड़ी परीक्षा, नेत्र परीक्षा, मूत्र परीक्षा, गोबर परीक्षा, कर्ण परीक्षा, मिजाज परीक्षा, खांसी, पेट के कीड़े, ठंढी, अतीसार, पेट फूलना, अजीर्ण, जुलाब, शूल, सन्निपात, कमल, शीतला, खुरहा, शरीर कांपना, परिहुल, अनछरा, स्तन का फटना, बच्चों को घुमरी, पक्षाघात, धनुष टंकार, सूखी खाज एवं खुजली इत्यादि रोगों के लक्षण, उनसे बचने के उपाय एवं साथ ही प्रयोग में लायी जाने वाली औषधि के तैयार करने की पूरी विधि बतायी गयी है जो कि अति महत्वपूर्ण है।

बाबू कार्तिकप्रसाद की 'शृंगारदान' अर्थात् 'सोलह शृंगार का अनूठा संग्रह' शीर्षक पुस्तक भी अति महत्वपूर्ण है जिसमें उन्होंने सर्वप्रथम सोलहो शृंगार का नाम पद्यबद्ध संस्कृत में दिया है और फिर उनके हिंदी नाम भी बतायें हैं। इस पुस्तक में उन्होंने खिजाब, विविध प्रकार के तेल, सिर में लगाने का सुगंधी तेल, खुशबूदार तेल, गंजनाशक तेल, बाल बढ़ाने का तेल, फुलेल, मुँह दुर्गन्ध नाशन, सिर की जूँ और लीक नाशन, पान का मशाला, शरीर की दुर्गन्ध मिटाने, सिर के बाल जमाने, गालों पर गुलाबी, मुँह पर लगाने के विविध क्रीम, हाथों और बालों को कोमल करने, दॉतका मंजन, बाल धोने के साबुन, महावर मिस्सी, कपड़ों का विविध रंगों में रॅगने की विधि और ऑखों का सुरमा बनाने की विधि के साथ ही सामग्री के तैयार किये जाने में आवश्यकता पड़ने वाली चीजें एवं उसकी मात्रायें भी दी गई हैं।

इस पुस्तक में उन्होंने परिशिष्ट भी दे रक्खा है जो कि काफी महत्व का है। पुस्तक में कहीं–कहीं उन्होंने अंग्रेजी नाम और तौल दे रक्खा है अतएव आम जनता की सुभीता के लिए परिशिष्ट में उन अंग्रेजी नामों व वज़नों का हिंदी रूपान्तर भारतीय नाम व वज़न भी दिया है। यह पुस्तक बाबू कार्तिकप्रसाद ने 1898ई0 में लिखी थी और उस समय यह काफी लोकप्रिय हुई थी। आज 122वर्षों बाद भी, जबकि पर्यावरण प्रदूषण, मिलावट और सर्वत्र रासायनिक चीजों का प्रयोग बढ़ा है और जिस प्रकार से लोग प्राकृतिक और वानस्पतिक चीजों से बनी वस्तुओं की ओर तेजी से आकर्षित हो रहें हैं, को देखते हुए इस पुस्तक की प्रासंगिकता कई गुना बढ़ जाती है और यह आज भी काफी प्रासंगिक है।

बाबू कार्तिकप्रसाद ने 'वणिक बन्धु' अर्थात् 'पुत्र के प्रति एक व्यापारी का सदुपदेश' नामक एक अन्य अति महत्वपूर्ण पुस्तक लिखी। इस पुस्तक में एक व्यापारी द्वारा अपने चौथेपन में पहुॅचने पर अपने लड़के को अपना समस्त कार बार सौपते समय कुछ उपदेश

दिया गया था और उसी को लेखक ने सत्यन्तसार बात तथा जगत हितकारी जान उसको पूरा प्रकाशित किया। इस पुस्तक में लेखक ने व्यापार–वाणिज्य से संबंधित कुल 11 बातें बताई हैं जिसमें ईमानदारी, विश्वास, समयनिष्ठा, अध्यवसाय और उद्यम को अतिआवश्यक बतलाया है और यहां तक लिखा है कि 'एक दिन परिश्रम कर दस दिन विश्राम करने से काम न चलेगा। सभी समय अविराम परिश्रम करना चाहिये। और यह न सोचना कि लक्ष्मी तुम्हें पूछती आवेंगी। उद्योगी हो लक्ष्मी को खोजो, अध्यवसाय द्वारा उसकी आराधना करनी होवेगी, नही तो वह कदापि तुम पर प्रसन्न न होवेगी। जब जो काज आ पड़े, निरालस्य हो उसी समय उसे करो। दीर्घसूत्री हो काम डाल रखने से कदापि उन्नति न कर पावोगे''।

बाबू कार्तिकप्रसाद खत्री के कार्यव्यापारों का अवलोकन करने पर यह बात स्पष्ट होती है कि वे एक महान हिंदी सेवी थे। वे ऐसे योग्य पुरुष थे जिन्होंने हिंदी के लिए अपना सर्वस्व एक प्रकार से खो दिया, किंतु अपनी विद्यानुरागिता मृत्युपर्यन्त परित्याग नहीं की। वे काशी नागरीप्रचारिणी सभा के प्रारंभिक संगठकों में से थे और उनके जीवनकाल में ही यह एक प्रसिद्ध संस्था बन गई थी। विज्ञान के क्षेत्र में इस संस्था ने जो कार्य किया शायद ही भारत की किसी अन्य संस्था ने की होगी। नागरीप्रचारिणी और सरस्वती के माध्यम से पत्रकारिता के क्षेत्र में कितने ही नवीन आयामों का सृजन किया। ये इतने बड़े पत्रकार थे कि 'हिंदी बंगवासी', 'भारतमित्र', 'भारतभ्राता', 'भाषाभूषण', 'साहित्यसरोज', 'श्रीवेंकटेश्वर समाचार', 'विद्याविनोद' आदि समाचार पत्रों को संपादित करने के लिए पत्र मालिकों ने पत्र लिखे और अच्छा वेतन देने को भी तैयार थे पर ये भारत जीवन के थोड़े वेतन से ही संतुष्ट रहे। व्यवहारिक जीवन में चिकित्सा करने के साथ ही गो चिकित्सा और श्रृंगारदान जैसी महत्वपूर्ण पुस्तकें लिखकर पशु और मानव दोनों का बड़ा उपकार किया। इस प्रकार विज्ञान के क्षेत्र में इनका योगदान आज 21वीं सदी में भी इन्हें जीवंत एवं प्रासंगिक बनाये हुए है।

11. व्यवहारिक विज्ञान के प्रचारक : पं0 गंगाशंकर पंचौली

भारतीय इतिहास के आधुनिक कालखण्ड में विज्ञान के लेखन एवं प्रचार–प्रसार में भारतवर्ष के जिन–जिन प्रांतों ने भाग लिया है उनमें राजस्थान का अपना महत्वपूर्ण स्थान है। राजस्थानवासियों को इस बात का गर्व होना चाहिये कि उनके लेखकों ने प्राचीन काल से ही विज्ञान के प्रायः सभी अंगों पर अनेक ग्रंथों की रचना कर उसके वैज्ञानिक साहित्य के भंडार को भरा है। यह संपूर्ण लेखन ऐतिहासिक दृष्टि से भी बहुत उपयोगी है। भारतीय नवजागरण के साथ ही राजस्थान के विद्वानों ने भी विज्ञान के क्षेत्र में महत्वपपूर्ण भूमिका निभाई और इस क्षेत्र में शुरुआती दौर में राजस्थान के जिस व्यक्तित्व का सबसे अधिक योगदान था, वह थे पं0 गंगाशंकर पंचौली जिन्होंने राजस्थान में 19वीं सदी के अंतिम दशक और 20वीं सदी के आरंभ में देशभाषा हिंदी में व्यापक पैमाने पर विज्ञान लेखन का उपयोगी कार्य कर वैज्ञानिक ज्ञान से जनता को लाभ पहुँचाने का महत्वपूर्ण कार्य किया।

भारतवर्ष प्राचीन कालसे ही एक कृषि प्रधान एवं उद्योग प्रधान देश होने के कारण एक सम्पन्न राष्ट्र रहा है और इस सम्पन्नता के पीछे मुख्य कारण ज्ञान–विज्ञान का उन्नत अवस्था में होना था। भारतवर्ष के अभिन्न प्रांत राजस्थान में प्राचीन काल से ही विज्ञान का काफी प्रचार था। काशी नागरीप्रचारिणी सभा द्वारा किये गये हिंदी हस्तलिखित ग्रंथों की खोज और मुंशी देवीप्रसाद के दिये हुए विवरण से स्पष्ट होता है कि राजस्थान में विज्ञान का प्रचार कई सौ वर्ष पूर्व से ही था। मुंशी देवीप्रसाद ने कम से कम 5 वैज्ञानिक ग्रंथों का नाम, लेखक का नाम, समय और उस पर विशेष टिप्पणियॉ दी है। राजस्थान में हिंदी हस्तलिखित ग्रंथों के अन्वेषक पं0. मोतीलाल मेनारिया ने जो अन्वेषण कार्य सर्वप्रथम मेवाड़ के तीन पुस्तकालयों–सरस्वती भंडार, सज्जनवाणी विलास और विक्टोरिया हॉल लाइब्रेरी में किया और खोज के दौरान जो उन्होंने 1200 ग्रंथों की 1400 के लगभग प्रतियां देखीं और उनकी नोटिसे लिये और 175 ग्रंथों के विवरण दिये उनमें विज्ञान विषयक ग्रंथों की संख्या इस प्रकार थीं–शालिहोत्र–1, वृष्टि–विज्ञान–1, गणित–1, स्त्रोत–1, वैद्यक–1, कोश–1, धनुर्विद्या–1।

वही श्री अगरचंद नाहटा द्वारा राजस्थान में जो खोज का कार्य किया गया, और उनकी रिपोर्ट 1947 ई0 में प्रकाशित हुई, में कुल 183 हस्तलिखित अज्ञात हिंदी ग्रंथों का पता लगा जो कि 102 कवियों द्वारा रचित थे जो प्रायः 17वीं सदी से लेकर 19वीं सदी तक के थे जिनके विषय ज्योतिष, वैद्यक, शालिहोत्र, संगीत, रमल, शकुन विचार, गणित, भूगोल, रत्न परीक्षा और शिकार के साथ ही अन्य अनेक दूसरे विषय भी थे। जो विज्ञान विषयक ग्रंथ प्रकाश में आये उनकी संख्या इस प्रकार थी– वैद्यक–21, रत्न–परीक्षा–6, संगीत–11, शकुन,

सामुद्रिक, ज्योतिष, स्वरोदय, रमल और इंद्रजाल के 29। इस खोज के फलस्वरुप ही भूगोल, गणित, ज्योतिष, वैद्यक, सामुद्रिक, धनुर्विद्या, रत्न–परीक्षा सदृश ज्ञान–विज्ञान के विविध विषयों पर ग्रंथ प्रकाश में आये जो इस बात के द्योतक थे कि राजस्थान में मध्यकाल और उत्तर मध्यकाल में इन बातों का ज्ञान लोगों को था। इतना ही नहीं; राजस्थान में हिंदी हस्तलिखित ग्रंथों की खोज एवं संकलन के फलस्वरुप प्राच्य विद्या प्रतिष्ठान संस्थान जोधपुर एवं इसकी शाखा संस्थाओं के पुस्तकालयों में सुरक्षित हजारों विज्ञान विषयक दुर्लभ ग्रंथ इस बात की पुष्टि करते हैं कि राजस्थान में ज्ञान–विज्ञान का प्रचार और लेखन कार्य काफी समय पूर्व से होता रहा है।

आधुनिक भारत में राजस्थान में विज्ञान विषयों पर लेखन का कार्य अंग्रेजों से संपर्क के फलस्वरूप 1857 ई0 के बाद आरंभ होता है। 1900 ई तक राजस्थान में विज्ञान विषयों पर जो ग्रंथ लिखे गये और राजस्थान से ही प्रकाशित हुए वे इस प्रकार हैं–भौतिक विज्ञान में वैद्य कालिन एस0 वैलेण्टाइन की 'वायुसागर' (जयपुर, 1867ई0), रामाप्रसाद शर्मा की शिल्पशास्त्र पर 'मसिदर्पण' भाग–1, (राजस्थान यंत्रालय, अजमेर, 1947 वि0), चिकित्साशास्त्र पर राजस्थान के एक विद्वान की 'ऐंटी कालैराइन आक्यूलेशन' (राजस्थान यंत्रालय, अजमेर, 1947 वि0), वनस्पति विज्ञान पर जे0 डब्लू0 अलेग्जेंडर की 'बाटेनी' याने 'वनस्पति विद्या' (मेयो कालेज, अजमेर, 1880ई0), क्षेत्रमिति पर शिवप्रसाद शर्मा की 'भेद प्रकाश' (ग्रंथकार, सवाई माधवपुरीय संस्कृत पाठशाला, जयपुर, 1900ई0) और अंकगणित पर रामदीन पंडित की 'अंक प्रकाश' (ग्रंथकार, महाराज स्कूल, किशनगढ़, राजस्थान, 1895ई0)। इस श्रृंखला की अगली सबसे मजबूत कड़ी थे– पं0 गंगाशंकर पंचौली जिन्होंने राजस्थान में विज्ञान–लेखन को दशा एवं दिशा प्रदान की।

पं0 गंगाशंकर पंचौली का जन्म 1857 ई0 में राजस्थान के भरतपुर नामक नगर में हुआ था। इनका अधिकांश जगह नाम पं0 गंगाशंकर नागर पंचौली बड़नगरा मिलता है जो इस बात की पुष्टि करता है कि ये नागर ब्राह्मण थे और इनके पूर्वज गुजरात के बड़नगर के रहने वाले थे। उनकी शिक्षा–दीक्षा अलीगढ़ में हुई और वही पर ही 1880 ई0 में उन्होंने मुख्तारी की परीक्षा दी और उसमें उत्तीर्ण हुए। उन्होंने बी0 ए0 की इंट्रेंस की परीक्षा की भी तैयारी की और सन् 1886 ई0 में बी0 ए0 की भी परीक्षा में बैठे। शिक्षा की समाप्ति के बाद 1887 ई0 में वे कुछ दिन तक बूँदी के एक हाई स्कूल में हेडमास्टर के पद पर कार्य किया। यहां सेवा देने के उपरांत 1910 ई0 में वे भरतपुर आ गये और एक विद्यालय में प्रधानाध्यापक के पद पर कार्य करने लगे। 1918 ई0 में उन्होंने भरतपुर के विद्यालय से पेंशन ली और उसी वर्ष बूँदी राज्य में ये न्यायमंत्री के प्रतिष्ठित पद पर नियुक्त हुए और 1932 ई0 तक उसी पद पर बने रहे और उसके बाद वे बूँदी से चले आये और बयाना में अपने भतीजे पं0 हीराशंकर पंचौली के साथ रहने लगे जहॉ 14 जुलाई, 1938 ई0 में इनका निधन हुआ।

पं0 गंगाशंकर पंचौली जहाँ एक कुशल अध्यापक थे, वहीं एक कुशल न्यायविद् भी थे। इन्होंने जहाँ अपना आधा जीवन शिक्षा के क्षेत्र में लगाया वहीं लगभग आधा जीवन न्यायकार्य में परंतु इन सबसे बढ़कर इनका जो सबसे महत्वपूर्ण कार्य था वह था हिंदी में विज्ञान–लेखन का कार्य और उस क्षेत्र में इन्होंने अपनी विशेष योग्यता का परिचय दिया। उन्होंने विज्ञान एवं व्यवसायों से संबंधित कई पुस्तकों की रचना की साथ ही साथ आँख, शकुन, शालिहोत्र और वाटिका विज्ञान जैसे विषयों पर भी अनेक गंभीर एवं शोधपूर्ण लेख लिखे। वैसे तो इनकी लिखित छोटी–बड़ी कुल पुस्तकों की संख्या लगभग 30 है परंतु उनमें 'कृषि विज्ञान' 'ज्योतिष विद्या,' 'व्यापार शिक्षा,' 'करणलाघव,' 'कृत्रिम काष्ठ विज्ञान,' 'नीबू–नारंगी,' 'स्वर्णकारी' 'ज्योतिष तत्व' (नक्षत्र), भाग–1, 'भूगोल', 'आलू', 'काल समीकरण', 'कला', और 'कागजकाम' सदृश पुस्तकें काफी चर्चित हैं।

गंगाशंकर पंचौली अद्भुत प्रतिभा के स्वामी थे। उन्हें अपने देश के प्राचीन इतिहास, विज्ञान और कला–कौशल की उन्नति का पूरा ज्ञान था और जहाँ भी आवश्यक हुआ वहाँ पर उन्होंने अपने इस ज्ञान का परिचय दिया। ज्योतिष शास्त्र की प्राचीन भारत में क्या स्थिति थी? इसे निरुपित करते हुए अपनी पुस्तक करणलाघव में उन्होंने लिखा कि ''इस भारतवर्ष के निवासी वैदिक काल से ही अपने यज्ञ श्राद्धादि लौकिक तथा पारमार्थिक सकाम वा निष्काम कर्म्मों के अनुष्ठान के निमित्त शुभ मुहूर्तों का अवलम्बन करते रहें हैं और ये शुभ मुहूर्तादि आकाश में सूर्य चन्द्र तथा नक्षत्रों के दृश्य योग वा युति अनुसार नियत होते आये हैं। इन सूर्य चन्द्र नक्षत्रादि की युति वा योग का बताना वेद के अंगभूत ज्योतिष शास्त्र का काम रहा है जिस की पूर्व काल में बड़े–2 आचार्य ब्रह्मा, पौलिश, वशिष्ठ, कश्यप, मायासुर, पराशर, आर्यभट आदि करते रहे परंतु कालवश उन आचार्यों की ग्रहगति आदि में ग्रहों के आपस की आकर्षण के कारण अन्तर पड़ता रहा। उस को आगे के आचार्यों ने बीजादि संस्कार देकर अपने काल की दृक्तुल्यता को बनाये रक्खा जिन में श्रीषेण, दुर्गसिंह, बराहमिहिर, ब्रह्मगुप्त, भास्कर, श्री केशव गणेश तथा नित्यानंद आदि हुए हैं।''

गंगाशंकर पचौली को अद्भुत काल ज्ञान था। प्राचीन भारत की ज्ञान–विज्ञान में कैसी अभूतपूर्व उन्नति थी और उनके समय में जैसी गिरी हुई अवस्था हो रही थी और भारतवासी जिस प्रकार अकर्मण्य और नवीन अनुसंधानों के प्रति उदासीन हो गये थे, उस पर उन्हें काफी क्षोभ था, जो उनके लेखन में स्पष्ट हुआ है। उन्होंने एक जगह स्पष्ट लिखा कि ''इन तीन चार सौ वर्ष में कोई ऐसा आचार्य नहीं हुआ कि जिसने स्वयम् बेधादि कर ग्रहगति में बीज नियत किये हों और उन की दृश्य बनाया हो। जब इस देशबासी इस प्रकार बेध प्रपाटी को छोड़ पुरानी चाल को अवलम्ब कर स्थूल गणित की रीति पर व्यवहार करने वाले करण ग्रंथों से ही बने ग्रहादिकों को काम में लाने लगे जिसका परिणाम यह हुआ कि पंचांग में लिखे हुए ग्रह युति तथा योगादि काल में और आकाश में दृश्य युति आदि में महान अन्तर

हो गया, जिससे ज्योतिष शास्त्र के एक फलित भाग के फलादेश में अन्तर पड़ने लगा है और कर्म्मानुष्ठानों के शास्त्र वर्णित फल प्राप्ति में तारतम्यता पड़ने से देशबासियों में नास्तिकता का संचार हो चला है।'' गंगाशंकर पंचौली के समकालीन भारत के महान गणितज्ञ और ज्योतिषी महामहोपाध्याय पं0 सुधाकर द्विवेदी ने भी इसी प्रकार देशदशा का वर्णन किया है कि ''यह काल की महिमा है कि जिस देश के धूर पर के अंक से सारे देश के लोग पंडित हो गए और होते जाते हैं उस देश के पंडित धूर में मिल जाते हैं तो भी दिन रात घमंड–नशे में चूर हैं।'

करणलाघव नामक अपनी पुस्तक की विज्ञप्ति में भी इसी प्रकार लिखा हैं–

सदा से हैं देशी गणक करते बेध गणना।
बनाते वे पत्रे जिन पर चली धर्म्म रचना।।
वही कालातीते अति शिथिल हो दृष्य तुलना।
भई हास्या सारी सकल जग मों साधन बिना।।

गंगाशंकर पंचौली को अपने देशवासियों की उन्नति का ध्यान हमेशा रहता था और उनका यहीं प्रयास रहता था कि किस प्रकार ज्ञान–विज्ञान विषयक बातें जनता तक पहुँचायी जॉय ताकि जनता जनार्दन उनका अवलम्बन कर अपनी अवस्था सुधार सके और उन्नति करे। देशभाषा में नक्षत्र और ज्योतिष की ग्रंथों का अभाव देखकर उन्होंने इस महत्वपूर्ण विषय पर लेखन कार्य आरंभ किया, जैसा कि उन्होंने स्वयं ही इस सत्य को उद्घाटित करते हुए अपने ग्रंथ ज्योतिषतत्व में लिखा कि ''इस देश के वासी विद्यारसिकों के वित्त के विनोद के अर्थ और उनको ज्योतिष शास्त्र का कुछ ज्ञान देने के लिए यह छोटा सा पुस्तक नक्षत्र सम्बन्धी प्रगट करने में छापा गया है। ग्रंथकर्ता के चित्त में ज्योतिषशास्त्र पर पुस्तक लिखने का का विचार था परन्तु जो यह विषय एक ही पुस्तक में लिखा जाता तो समय भी अधिक लगता और परिश्रम भी अधिक होता इसके सिवाय मूल्य भी सर्वसाधारण के उपयोगी न हो सकता इन सब बातों को विचाार कर यह प्रथम पुस्तक नक्षत्र सम्बन्धी रचा गया है और जब यह सर्व विद्यारसिकों को उपयोगी हो पड़ेगा तो ग्रहगणित व ग्रहणादिकों के भी छोटे–2 पुस्तक इसी सिरीज के निकालने का विचार है।''

उन्होंने इस ग्रंथ को क्यों लिखा? इस प्रश्न का उत्तर देते हुए उन्होंने स्वयं लिखा है कि ''अब तक जितने पुस्तक हिंदी भाषा में ज्योतिषशास्त्र के देखने में आये हैं वे सब फलित के हैं और गणित का विरला ही है। जो हैं तो वह भी इस देश की पुरानी गणित के हैं कि जिनके बनाये ग्रंथ और ग्रहण ठीक–2 नहीं मिलते। यह पुस्तक केवल यूरोप निवासी ज्योतिषियों की परिपाटी पर बनाया गया है और इससे जो तारा सिद्ध होते हैं वे सब ज्यों के

त्यों आकाश में दिखाई भी देते हैं इस हेतु ऐसी आशा है कि यह पुस्तक पाठक लोंगों के विशेष उपयोगी होगी।''

गंगाशंकर पचौली प्रगतिशील विचारों के व्यक्ति थे और कभीं भी लकीर के फकीर नहीं हुए। उन्हें परंपरा का ज्ञान तो था परंतु परिवर्तनशीलता और नवीन अनुसंधानों पर भी उनकी गहरी दृष्टि रहती थी। उन्होंने परंपरा को तोड़ते हुए हमेशा ही जो सही और देशवासियों के हित में था, वहीं प्रतिपादित किया और परंपरावादियों की खिल्लियॉ उड़ाने में भी कभीं हिचके नहीं। यद्यपि वास्तविकता का प्रतिपादन करने में उन्हें अतिशय परिश्रम करना पड़ा पर वे इससे पीछे नहीं हटे और एक वैज्ञानिक की भॉति अंततोगत्वा जो सत्य है, उसी का प्रतिपादन किया। उन्हीं के शब्दों में–''कई विद्वान महाशयों का ऐसा कथन है कि धर्म्म कर्म्मानुष्ठानों में पुरानी रीति सिद्ध युति योगादि अदृष्य ही उपयोग में लेने चाहियें। इन महाशयों को तथा उन को जो निरणय गणना के सिद्ध सूर्य राशि प्रवेश काल को ही श्राद्धदान जप होमादि कार्यों में उपयोगी बतातें हैं, उनको उत्तर एक जुदे लेख में दिया जायगा परंतु इस स्थान पर इतना तो अवश्य दिखाना है कि इन महानुभावों के मत में गुरु तथा शुक्र के आकाश में दृश्य न होने पर भी जो पुरानी लकीर के फकीर पंचांगों में वे उदय ही दिये गये हों तो विवाहादि कार्य, जिन का गुरु तथा शुक्र के अस्त में होना निषेध है, अवश्य होने चाहिये। यह बात हम अपने विचारशील पाठकों के विचार पर ही छोड़तें हैं कि यह कहॉ तक माननीय फलित शास्त्र में हो सक्ती है''।

गंगाशंकर पंचौली प्रगतिवादी थे और संसार में जो नवीन आविष्कार और परिवर्तन हो रहे थे उनको अत्यंत ही सरल भाषा में अपने देशवासियों के समक्ष रखा और यह सुझाव भी दिया कि उन्नति का आधार विज्ञान ही है। उन्होंने एक लेख में लिखा कि कृषि पर ही हमारे अधिकांश देशवासियों का गुजारा है। इसलिए कृषि–संबंधी नई–नई खोज और आज़्माइशों के परिणाम यदि बताये जॉय तो किसान तथा जमींदार पुरानी परिपाटी में समयानुसार कुछ परिवर्तन करें। इससे सबको लाभ हो सकता है और किसानों की दरिद्रता कम हो सकती है। यहीं सोचकर गुजरात के एक अत्युपयोगी 'खेडुत' नाम के पत्र के एक लेख का मतलब मैं यहॉ पर लिखता हूॅं–''अमेरिका और योरप निवासी कृषि–विद्या के विद्वानों ने, एक उत्तम जाति से आम का पैबंद दूसरी जाति के आम पर लगाकर, एक नई जाति का, दोनों से अच्छा, फल उत्पन्न कर दिया है। इसी प्रकार अमेरिका और योरप के बुद्धिमानों ने कपास और गेहूॅ पर पैबंद चढ़ाकर नई जाति की कपास और गेहूॅ उत्पन्न किया है, जो अपनी पूर्व जाति से कहीं बढ़कर है।''

पंचौली जी के लेखन की एक महत्वपूर्ण विशेषता उनका अत्यंत ही उपयोगी विषयों पर लिखा जाना है। उन्होंने व्यापारिक और वाणिज्यिक विषयों पर लिखा जो उस समय अपना विशेष महत्व रखता है। उन्होंने **सुवर्णकारी** जैसे विषयों पर लिखा जिसमें उन्होंने सोने के

साधारण गुणों का विवेचन किया है और सोने का गुण बताते हुए लिखा है कि ''सब धातुओं में सोना बढ़िया माना जाता है। शुद्ध सोना रंग में, साफ होता है। वायु तथा जल में रहने से भी मैला नहीं होता। यह धातु व्यापार में काम आती है। इसके सिक्के और अनेक वस्तुएं बनाई जाती हैं। सोने के कण बहुत सघन होते हैं और इस कारण इसका गुरुत्व या घनत्व भी विशेष होता है। और धातुओं की अपेक्षा सोना अधिक तेज़ ऑच में गलता है और बढ़ाने से अधिक बढ़ाया जा सकता है।''

उन्होंने न केवल सोने के गुणों का साधारण वर्णन किया बल्कि उसके रूप, रंग, मिलावट, बट्टा, गुरुता इत्यादि का एक अनुसंधानकर्ता की भॉति प्रस्तुति दी और उसके विविध उपयोगों को दिखाया है। उदाहरण के लिए सोना भारी क्यों होता है? इसे दिखाया है और मत की पुष्टि के लिए प्रमाणिक ऑकड़े दिये। उनके ही शब्दों में ''सोने आदि धातुओं की गुरुता अर्थात् भारीपने की जॉच करने से जाना गया है कि मामूली धातुओं में सोना सबसे अधिक भारी है। कौन सी धातु कितनी भारी है यह आपेक्षित धनत्व पर निर्भर करता है और उन्होंने कई धातुओं के आपेक्षित घनत्व की बाकायदा सारणी प्रस्तुत की। उनका **सुवर्णकारी** शीर्षक लेख, जो **विज्ञान** पत्रिका कें अक्टूबर, 1916ई0 से अप्रैल, 1917ई0 तक के अंकों में प्रकाशित हुआ था और जो बाद में पुस्तकाकार भी प्रकाशित हुआ, के अवलोकन से ही उनकी विद्वत्ता और अनुसंधानपरकता स्पष्ट होती है जिसमें उन्होंने अत्यंत सूक्ष्म निरीक्षण एवं विवेचन किया है।

पंचौली के विज्ञान–लेखन की एक अन्य विशेषता उनका व्यावसायिक विषयों पर लिखा जाना था। **केला** जैसे साधारण प्रतीत होने वाले विषयों पर भी उन्होंने लिखा और इस लेख में केले के रूप–रंग, प्रकार, प्राप्ति स्थान, पेड़ और फल का उपयोग, केले का उद्योग के साथ ही छाले से रेशे निकालने की विधि तक का भी विस्तार से सचित्र वर्णन किया।

उन्होंने **तरुजीवन** (पत्र) और **पत्ती** जैसे विषयों पर विस्तृत, अनुसंधानपरक और सचित्र लेख लिखे और उनके बारे में सूक्ष्म से सूक्ष्म जानकारी प्रकाशित करने का हर संभव प्रयास किया। उन्होंने एक वैज्ञानिक की भॉति सभीं चीजों को प्रयोगों द्वारा सिद्ध करके उनके बारे में प्रामाणिक जानकारियां दी। उदाहरण के लिए उन्होंने विविध प्रयोगों द्वारा सिद्ध किया कि पौधों में स्वेदन क्रिया होती है और वृक्षों से पानी निकलता है और इसे तीन सचित्र प्रयोगों द्वारा दिखाया कि पौधों में से पानी कैसे निकला करता है। मूल द्वारा जो पानी आता है वह फिर निकलकर भाप के रूप में वायु में मिल जाता है।

पंचौली के विज्ञान–लेखन की सबसे महत्वपूर्ण विशेषता उसका तथ्यों और साक्ष्यों के आधार पर लिखा जाना था। उन्होंने जो कुछ भी लिखा काफी छानबीन और अनुसंधान के आधार पर लिखा और पुष्ट प्रमाणों को काफी महत्व दिया। अपनी पुस्तक करणलाघव की भूमिका में लिखा है कि ''इस पुस्तक के बनाने में कई इंगरेजी भाषा की ज्योतिष की पुस्तकें

(मेन्स कथा बाल साहब की बनाई हुई) और नाटी कल पंचांग, जान्सटंन साहब की नक़शावली तथा रा0रा0 शंकर बालकृष्ण दीक्षित साहब की ज्योतिर्विलास महाराष्टी भाषा की पुस्तक और कई पुराचीन संस्कृत पुस्तकों का आधार लिया गया है और तारा के दृष्य बनाने के अर्थ जो समीकर्ण दिये हुये हैं वे नाटी कल एल्मेनक, के हैं और बाकी के सब समीकरण इंगरेजी भाषा की पुस्तकों में से लेकर और उनकी गणित को जॉच कर लिखे गये हैं।''

पंचौली ने जो कुछ भी लिखा काफी जॉच–पड़ताल के बाद लिखा और एक वैज्ञानिक की भॉति सूक्ष्मता पर विशेष बल दिया। उन्होंने दूसरे लोगों की भी लिखी हुई जो सामग्री अपने लेखन में इस्तेमाल की पहले उसकी खूब जॉच की और अपनी पुस्तकों में अनेकों सारणीयॉ दी हैं जो उनके लेखन को एक मजबूत आधार प्रदान करती है। ऐसा करने का एकमात्र उद्देश्य हिंदी भाषा में सामग्री को प्रकाशित करना और देशोद्धार करना था, जिसे उन्होंने अपनी पुस्तकों में और विज्ञप्तियों में स्वीकार किया है। अवलोकनार्थ विज्ञप्ति प्रस्तुत है–

छेखे वैंकट मेन हेन सन हूॅ छत्रे द्विवेदर महा।
लीयो है मिहिरादि शास्त्र मत को आधार जैसो जहॉ।।
सध्यो कार्य स्वदेश को सबन सों बुद्धी जसी आपनी।
या में दोष जु होय कोई सबलो मांगों क्षमा ता तनी।।

पं0 गंगाशंकर पंचौली ने विज्ञान के क्षेत्र में जो कार्य किया उन समस्त कार्य–व्यापारों पर दृष्टिपात करने पर यह निष्कर्ष निकलता है कि वे राजस्थान ही नहीं, भारत के उन अग्रणी व्यक्तियों में थे जिन्होंने प्रारंभ में ही विज्ञान के महत्व को समझ लिया था। उन्हें विज्ञान विषय का प्रचुर ज्ञान था और उन्होंने व्यापारिक और व्यवसायिक विषयों पर राजस्थान में उसी प्रकार अद्भुत लेखन कार्य किया, जिस प्रकार संयुक्त प्रांत (वर्तमान उत्तर प्रदेश एवं उत्तराखंड) में बाबू ठाकुरप्रसाद ने किया था। अत्यंत साधारण प्रतीत होने वाले विषयों का उन्होंने जो वैज्ञानिक विवेचन किया, वह प्रशंसनीय है। उन्होंने जो कुछ भी लिखा वह पुष्ट प्रमाणों और अनुसंधान के आधार पर लिखा और इस लेखन के दौरान जो सामग्री एवं ऑकड़े अन्य लेखकों का इस्तेमाल भी किया तो उसकी शुद्धता कला तक जॉचने के बाद ही किया। इस महत्वपूर्ण उद्योग में उन्होंने कई मौलिक ग्रंथों की रचना की जो भारत में विषय विवेचन की दृष्टि से प्रथम ही लिखी गई थीं। उनके लेखन के केंद्र में आम जनता थी और जनता तक जनता की भाषा में ज्ञान पहुॅचाना ही उनका प्रमुख उद्देश्य था। अपने अथक और श्रमसाध्य कार्यों द्वारा उन्होंने स्वदेशोन्नति का गुरुतापूर्ण कार्य किया और राजस्थान में तो एक प्रकार से हिंदी में विज्ञान–लेखन के आंदोलन का श्रीगणेश ही किया। निःसंदेह पं0 गंगाशंकर पंचौली को विज्ञान–लेखन के क्षेत्र में राजस्थान में उसी प्रकार वहीं स्थान, पद

और प्रतिष्ठा मिलनी चाहिए जो संयुक्त प्रांत में विज्ञान-लेखन में बाबू ठाकुरप्रसाद को मिली थी।

12. रसायन विज्ञान के विस्मृत उन्नायक : बाबू लक्ष्मीचंद

आधुनिक भारतीय इतिहास में विज्ञान, विशेषकर रसायन विज्ञान के क्षेत्र में, जिन लोगों का महत्वपूर्ण योगदान रहा है उनमें बाबू लक्ष्मीचंद का स्थान बहुत ऊँचा है। बाबू लक्ष्मीचंद 20वीं सदी के आरंभ में विज्ञान के क्षेत्र में एक उज्ज्वल नक्षत्र की तरह उदित हुए जिन्होंने अल्पावधि के लिए रसायन विज्ञान के क्षेत्र में अद्भुत रश्मियां बिखेर दीं। अपने कार्यों एवं योजनाओं द्वारा उन्होंने सैद्धांतिक और व्यवहारिक दोनों तरह से रसायन विज्ञान को लोकप्रिय बनाने, उसे आम जन तक पहुँचाने एवं साथ ही आम लोगों को विज्ञान आंदोलन में शामिल करने का महान कार्य किया।

बाबू लक्ष्मीचंद के जीवन के बारे में विस्तृत जानकारी का अभाव है। कतिपय स्रोतों एवं प्रो0 राय आनंदकृष्ण (वाराणसी) से लिए गये साक्षात्कार के आधार पर ज्ञात होता है कि बाबू लक्ष्मीचंद बनारस के रहने वाले थे और जाति के वैश्य थे। इनकी प्रारंभिक शिक्षा बनारस में हुई थी और इलाहाबाद विश्वविद्यालय से उन्होंने एम0 ए0 पास किया था। 20वीं सदी के प्रथम दशक में बनारस के प्रगतिशील विचारधारा और सामाजिक सुधार आंदोलनों के अग्रणी नेताओं बाबू गोविंददास और राय कृष्णदास इत्यादि 16 लोगों ने मिलकर बाबू लक्ष्मीचंद की प्रतिभा पर प्रसन्न हो गणित में उच्च शिक्षा प्राप्त करने के लिए उन्हें इंग्लैंड भेजा। बाबू लक्ष्मीचंद गये तो थे गणित पढ़ने पर इन्होंने विज्ञान, विशेषकर रसायन विज्ञान के क्षेत्र में विशेष ज्ञान और ख्याति अर्जित की।

इंग्लैंड में अध्ययन करते हुए बाबू लक्ष्मीचंद ने वहां के कालेजों और विश्वविद्यालयों से विज्ञान के क्षेत्र में बड़ी–बड़ी डिग्रियां हासिल की। इन्होंने विक्टोरिया से एम0 एस0 सी0; लंदन से एफ0 सी0 एस0 एवं मैनचेस्टर विश्वविद्यालय से ए0 एम0 एस0 टी0 की डिग्रियां हासिल की। बाबू लक्ष्मीचंद को उनकी प्रतिभा के लिए 'सिटी एण्ड गिल्ड्स ऑफ लंडन इंस्टीट्यूट' से मेडल और सम्मान भी मिला था।

शिक्षा ग्रहण कर भारत आने पर उनके साथ बड़ा ही अमानवीय व्यवहार हुआ। चूँकि ये विलायत गये थे और अन्य धर्मावलम्बियों के सानिध्य में रहे थे, इसलिए बनारस के प्रसिद्ध गोपाल मंदिर में उन्होंने अपने समुदाय के लोगों से क्षमा मॉगी और उनका शुद्धीकरण भी हुआ परंतु फिर भी बात नहीं बनी और पुरातनवादियों और प्रगतिवादियों में काफी कलह हुआ तथा मुकदमेंबाजी तक शुरू हो गई। प्रगतिवादी जिला न्यायालय और उच्च न्यायालय दोनों ही अदालतों से मुकदमा हार गये फल यह हुआ कि बाबू लक्ष्मीचंद का समर्थन करने के कारण बाबू गोविंददास और राय कृष्णदास जैसे 16 लोग जाति बहिष्कृत कर दिये गये। इस अमानवीय व्यवहार पर भी बाबू लक्ष्मीचंद विचलित नहीं हुए और भारत में अन्य विविध पदो

के अलावा बड़ौदा राज्य में 'प्रोफेसर ऑफ एपलॉइड केमेस्ट्री' और इंग्लैंड, फ्रांस, जर्मनी इत्यादि देशों में 'गवर्नमेंट स्कॉलर' भी रहे। परंतु, इन सबों से बढ़कर इन्होंने अपने अल्प शिक्षित और असहाय भारतवासियों के लिए वह कार्य किया जिससे इनका नाम रसायन विज्ञान के महान सेवियों में अंकित हो गया। संभवतः 1918–20 के बीच इनकी मृत्यु हुई।

इंग्लैंड में अध्ययन और विविध देशों की यात्रायें कर बाबू लक्ष्मीचंद ने उच्च कोटि का ज्ञान और विविध कला कौशल सीख लिया था और भारत आने पर भारतीयों की अवस्था देखकर इस निष्कर्ष पर पहुँचे कि भारतीयों की उन्नति तभी होगी जब उन्हें विज्ञान का सैद्धांतिक और व्यवहारिक दोनों तरह का ज्ञान दिया जाय और वह भी भारतीयों की भाषा में। उन्हें अंग्रेजी का अथाह ज्ञान था और यदि चाहते तो सारा कार्य अंग्रेजी में कर बहुत सा नाम और धन कमा सकते थे, परंतु उन्होंने सारा काम भारतीय भाषाओं (हिंदी और गुजराती) में किया और कई महत्वपूर्ण रसायन और औद्योगिक विषयक पुस्तकें अत्यंत सरल भाषा में लिखकर रसायन विज्ञान को आम जनता तक पहुँचाने का महत्वपूर्ण कार्य किया। उन्होंने 'सरल रसायन' भाग–1; 'हिंदी केमेस्ट्री', 'तेल की पुस्तक', 'रंग की पुस्तक', 'रोशनाई बनाने की पुस्तक', 'वार्निश और पेंट', 'साबुन बनाने की पुस्तक' और 'विद्युत शास्त्र' जैसी अति महत्वपूर्ण पुस्तकें लिखीं।

यदि रसायन और औद्योगिक विषयक पुस्तकों के लेखन के इतिहास पर प्रकाश डाला जाय तो ज्ञात होता है कि जिस समय बाबू लक्ष्मीचंद ने पुस्तक लेखन का कार्य आरंभ किया उस समय रसायन और औद्योगिक विषयक पुस्तकों का नितांत अभाव था और जो थोड़ी बहुत थीं भी वे बहुत अच्छी नहीं थीं। रसायन और औद्योगिक विषयक ग्रंथ जो बाबू लक्ष्मीचंद से पूर्व लिखी गईं थीं, उनकी सूची इस प्रकार हैं :

रसायन

ग्रंथ	ग्रंथकर्ता	प्रकाशन	प्रकाशन वर्ष
रसायन प्रकाश प्रश्नोत्तर	बद्रीलाल शर्मा	आगरा स्कूल बुक सोसाइटी	1847ई0
सुलभ रसायन संक्षेप	जे0 आर0 वैलेंटाइन	ग्रंथकार, जयपुर	1856ई0
रसायन संग्रह	विश्वम्भर नाथ वर्मा	बड़ा बाज़ार कलकत्ता	1896ई0
रसायन शास्त्र	आनंद विहारी	नागरीप्रचारिणीसभा, आरा	1906ई0
रसायन शास्त्र	महेशचरण सिंह	नागरीवर्द्धनी सभा, प्रयाग	1909ई0
विज्ञानप्रवेशिका–रसायन	गोवर्धन	गुरुकुल कांगड़ी, हरिद्वार	1911ई0
पदार्थ विनिश्चय	द0 अ0 कुलकर्णी	हिंदू विश्वविद्यालय, काशी	1918ई0
गुणात्मक विश्लेषण	रामशरणदाससक्सेना	गुरुकुल कांगड़ी, हरिद्वार	1919ई0

औद्योगिक

ग्रंथ	ग्रंथकर्ता	प्रकाशन	प्रकाशन वर्ष
मसि सागर	वेणीमाधव त्रिपाठी	वेंकटेश्वर प्रेस, बंबई	1897ई0
व्यापार भंडागार	क्षेत्रपाल शर्मा	सुख संचारक कंपनी, मथुरा	1897ई0
विश्व कर्म भंडार 1,2	मोहन लाल	सन प्रिंटिंग वर्क्स, लाहौर	1898ई0
देशी बटन	रामजीवन नागर	वेंकटेश्वर प्रेस, बंबई	1905ई0
रत्नों की खान	के0 सी0 बर्मन	सुख संचारक कंपनी, मथुरा	1914ई0

स्रोत : विज्ञान–परिषद और हिंदी का वैज्ञानिक साहित्य, विज्ञान परिषद, प्रयाग, इलाहाबाद।

बाबू लक्ष्मीचंद द्वारा जो रसायन शास्त्र विषयक पुस्तकें लिखी गई वह पूर्व में इस विषय पर लिखी गई पुस्तकों से उत्तम थी जिसकी प्रासंगिकता को बताते हुए 'हिंदी केमेस्ट्री' नामक पुस्तक की भूमिका में उन्होंने लिखा था कि 'इस किताब के लिखने का मतलब यह है कि जिससे हिंदी जानने वाले भी ''केमेस्ट्री'' सीख लें। केमेस्ट्री को हिंदी में रसायन और उर्दू में कीमिया कहते हैं। इस इल्म की बदौलत लोग तरह–तरह की चीजें बना सकते हैं। जिसे यह इल्म आता है वह बतला सकता है कि किस तरह की चीजों में क्या–क्या मिला होता है और वे किस तरह तैयार की जा सकती हैं। तरह–तरह की भस्म, तेज़ाबी निमकीन या खारी चीजों का हाल जानने के अलावे उसे हर तरह की दवा दारू, मीठी, तीती, खट्टी, क्षारी चीजों के गुण, उनके बनाने और साफ करने का तरीका भी मालूम होता है।'

बाबू लक्ष्मीचंद ने रसायन शास्त्र या इल्में कीमिया को जानना हर एक समझदार आदमी के जरूरी बतलाया पर इस कठिनाई को भी पटल पर रखा कि अंग्रेज़ी भाषा में यह शास्त्र लिखा होने से और तेढ़े सीधे नामों की बदौलत इस मुल्क के कम से कम 95 फ़ीसदी लोग इस विद्या से वंचित हैं। इसलिए उन्होंने अपनी किताबें इस तरह लिखीं कि जिससे हर एक आदमी रसायन सीख सके। अपनी पुस्तकों में खास खास चीजों के जो नाम रखें, सब स्वदेशी नाम, कि उनसे तुरंत उस चीज का अंदाज़ा लग जाय। इन किताबों के लिखने में इस बात का भी ख्याल रखा कि हिंदी और उर्दू दोनों में से एक जुबान के जानने वाले भी इसे समझ सकें; अर्थात् हिन्दू, मुसलमान और इसाई सब समझ सकें।

बाबू लक्ष्मीचंद एक महान देशभक्त और स्वदेशी के बहुत बड़ें समर्थक थे। विदेश में पढ़ाई पूरी कर भारत आने पर उन्होंने पाया कि भारत की औद्योगिक अवस्था अत्यंत पिछड़ी हुई है जिसके फलस्वरूप भारत से कच्चा माल तो बाहर जाता ही है साथ ही जो चीजें भारतीय आसानी से तैयार कर सकते हैं वे भी यहां विदेश से आती हैं और भारतीय धन का

तेजी से निष्कासन हो रहा है। इन बातों को उन्होंने अपनी औद्योगिक विषयक सभीं पुस्तकों में प्रमुखता से उठाया और उन चीजों के निर्माण की पूरी सविस्तार विधि अपनी पुस्तकों में दी। उदाहरण के लिए 'वार्निश और पेण्ट' नामक अपनी पुस्तक के प्रथम अध्याय में ही उन्होंने लिखा कि "इस पुस्तक के पढ़ने से मालूम होगा कि हमारे देश में वार्निश और पेण्ट बनाने का कितना सामान मौजूद है। क्या यह कम आश्चर्य की बात नही कि इतना सामान होते हुए भी हम लोग वार्निश और पेण्ट बाहर से मँगाते हैं? लाख हमारे ही देश में होती है। करोड़ों रुपये का चमड़ा हर साल दूसरे देशों को चला जाता है! तीसी का तेल भी यहीं से यूरोप को जाता है! महुआ भी लदकर बाहर चला जाता है! या फेंक दिया जाता है! मैगनीज़ की खान भी इस देश में मौजूद है। रामरज, गेरु, तरह–तरह की मिट्टी भी इस देश में मिलती है। कोई वजह नहीं कि हमारे देश में इन सामग्रियों को मिलाकर लोग पैसे न कमा सकें। अब तक भाषा में इस विषय की पुस्तक न होने से लोग अनभिज्ञ थे और इसी से दौलत ऑखों के सामने से चली जा रही थी।"

अपनी सैद्धांतिक बातों को व्यवहारिक जामा पहनाते हुए उन्होंने बनारस में 1915–16 में कला कौशल का स्कूल (Hindi Science University School, Benares) स्थापित किया जिसका कार्यालय 'विज्ञान हुनरमाला ऑफिस, बनारस सिटी' के नाम से विख्यात था। उन्होंने भारत में एक 'हिंदी साइंस युनिवर्सिटी' स्थापित करने का आंदोलन आरंभ किया और इसकी आवश्यकता और प्रासंगिकता को देशवासियों को बताया कि भारतवर्ष में जिस प्रकार की यूनिवर्सिटियां हैं केवल उनसे देश का उद्धार नहीं हो सकता। देश का उद्धार तो तभीं हो सकता है जब मातृभाषा द्वारा शिक्षा देने वाली युनिवर्सिटियां भी देश में स्थापित हों और उनमें शिल्प विज्ञान की शिक्षा का पूर्णतः प्रबंध हो। जापान का उदय भी तब तक नहीं हुआ जब तक काउण्ट ओक्यूमा ने 1882ई0 में 'वासेदा युनिवर्सिटी' खोलकर जापानी युनिवर्सिटियों में जापानी भाषा माध्यम न बनाया। भारतवर्ष को भी ऐसी एक युनिवर्सिटी की नितांत आवश्यकता है। उन्होंने इस बात को भी पटल पर रखा कि इस समय कई एक युनिवर्सिटियां बन रही हैं, (ज्ञातव्य हो कि उस समय अलीगढ़ मुस्लिम युनिवर्सिटी, बनारस हिंदू युनिवर्सिटी इत्यादि बन रही थीं) पर इन नई युनिवर्सिटियों में भी मातृभाषा को मुख्य स्थान न दिया जायेगा। 'हिन्दी साइंस युनिवर्सिटी' की नीव ईंट पत्थरों की न बनाकर, पुस्तकों की नींव और विद्या की दीवार खड़ी करनी चाहिए, जिससे अविद्या दूर होने का पूर्ण प्रबंध हो सके और उसके साधन पहले से ही एकत्र हो जायँ।

हिंदी साइंस युनिवर्सिटी की नींव डालने और पठन–पाठन के लिए सामग्री तैयार करने के लिए उन्होंने पहले से ही संबंधित विषयों पर पुस्तक लिखना और प्रकाशित करना आरंभ किया। इस हेतु उन्होंने 'हिंदी साइंस युनिवर्सिटीमाला' का प्रकाशन बनारस से किया और उनकी समस्त पुस्तकें इसी माला में निकलीं थीं। इतना की नहीं, जब वे बड़ौदा स्टेट में

रसायन शास्त्र के प्रोफेसर थे तो वहां पर भी बनारस के समान ही गुजराती भाषा में 'गुजराती विज्ञान अने हुनर' नामक पुस्तकमाला का प्रकाशन किया था। उन्होंने देशवासियों के हितार्थ जो पुस्तकें हिन्दी साइंस यूनिवर्सिटी माला से निकाली वैसी पुस्तकों की कीमत अंग्रेजी भाषा में जहां 10 रुपये थी, वहीं, इस माला में प्रकाशित ये पुस्तकें मात्र आठ या बारह आने में ही देशवासियों को मिलती थीं। बाबू लक्ष्मीचंद का यह कार्य इतना अत्युत्तम था कि भारत की प्रमुख पत्र–पत्रिकाओं यथा सरस्वती, बंगवासी, क्षत्रिय मित्र इत्यादि में इनके कार्यों की बड़ी ही सुंदर समालोचना की जाती थी।

बाबू लक्ष्मीचंद ने जो कला कौशल का स्कूल (Hindi Science University School, Benares) स्थापित किया था वहां पर विद्यार्थियों एवं सर्वसाधारण दोनों को हिंदी भाषा में साइंस, रोजगार और तरह–तरह के हुनरों की शिक्षा देने का प्रबंध किया गया था। इस स्कूल में छः महीने के अन्दर ''मातृभाषा'' द्वारा बी0 ए0 तक की केमेस्ट्री (Chemistry) अथवा 'रसायन शास्त्र' का ज्ञान विद्यार्थियों को दे दिया जाता था। एफ0 ए0 की साइन्स का ज्ञान तो दो ही तीन महीनों में हो जाता था। साथ ही साथ इसमें ''औद्योगिक रसायन'' भी सिखा दिया जाता था जिससे तीन महीनों के अन्दर ही इस स्कूल के छात्रों को साबुन, रोशनाई, वार्निश, तेल, रंगाई, छपाई इत्यादि कितनी ही चीजों का बनाना भी सिखा दिया था जिससे वे घर बैठे 30 अथवा 40 रुपया महीना स्वयं कमा सकें। इस स्कूल में विद्यार्थियों की फीस मात्र 1 रुपया और सर्वसाधारण की 2 रुपया रखी गयी थी और साथ ही इस बात का भी प्रबंध किया जाता था कि होनहार विद्यार्थियों को अच्छे रोजगार उपलब्ध कराया जाय।

बाबू लक्ष्मीचंद ने देशवासियों से बार–बार निवेदन किया कि वे हिंदी साइंस युनिवर्सिटी के स्थापित कराने में अवश्य भाग लें। उन्होंने पत्र–पत्रिकाओं एवं अपनी पुस्तकों में बार–बार यह बात प्रकाशित की कि युनिवर्सिटी के लिए एक लाख रजिस्टर्ड मेम्बरों की आवश्यकता है। प्रथमतः दस हजार मेंम्बरों के नाम रजिस्टर्ड हो जाने पर उक्त युनिवर्सिटी का मुखपत्र निकलेगा, जिससे संपूर्ण भारत में इसका प्रचार हो जाये और साथ ही श्रीकाशीजी में शिल्प और विज्ञान का एक कालेज खोल दिया जायेगा। दस हजार मेंम्बरों की सूची में पहले नाम लिखाने वाले सज्जनों को आगे चलकर बहुत कुछ रियायत के साथ उन्हें शिल्प तथा वैज्ञानिक हर एक विषय की शिक्षा दी जायगी। जो पहले से ही मेंम्बर होंगे वे युनिवर्सिटी के संस्थापक समझे जायॅगे। उन्होंने मेंम्बर बनने के लिए जो फीस रखी थी वह मात्र एक रुपया थी और बदले में मेंम्बरों को जो लाभ देने की बात कही गई उनमें यूनिवर्सिटी की पुस्तकें आधे दाम पर देना, व्यवसाइयों को अपना व्यवसाय बढ़ाने के लिए हर संभव मदद देना जिससे बेकारों को भी रोजगार मिल सके, मेंम्बरों को पुस्तकों एवं पत्रों द्वारा शिक्षा दिया जाना, अन्य युनिवर्सिटियों की तरह वर्ष में एक बार शिल्प संबंधी परीक्षा लेना और परीक्षोत्तीर्ण मेंम्बरों को सर्टिफिकेट और पारितोषिक प्रदान करना, परीक्षोत्तीर्ण मेंम्बरों को अन्य

देशस्थ अर्थात् 'दि सिटी ऐण्ड गिल्ड्स ऑफ लंडन इंस्टीट्यूट' इत्यादि की परीक्षाओं में सम्मिलित कराना और लंदन इत्यादि का डिप्लोमा दिलाने का प्रयास, एक मेंम्बर को एक हुनर में पारंगत करना ताकि वह अपनी जीविका चला सके, अन्य शहरों में मेंम्बरों की विशेषता के अनुसार स्थानीय विज्ञान हुनर क्लास खोलने का प्रबंध और व्यापारियों को तरह–तरह का वैज्ञानिक परामर्श और मुखपत्र मात्र डॉक व्यय पर उपलब्ध कराना इत्यादि प्रमुख था।

बाबू लक्ष्मीचंद के कार्यों का सर्वेक्षण करने से यह बात ज्ञात होती है कि उन्होंने उस युग में रसायन विज्ञान एवं औद्योगिक क्षेत्र में महान कार्य किया। भारत की परिस्थितियों का अध्ययन कर सैद्धांतिक और व्यवहारिक दोनों तरह से व्यवहारिक ज्ञान देशवासियों तक पहुँचाने का उन्होंने प्रयास किया और हिंदी में विज्ञान लेखन के आंदोलन को बल प्रदान करते हुए विज्ञान की उच्च शिक्षा तक भारतीय भाषाओं में देने का प्रयास किया। जिस प्रकार आचार्य प्रफुल्ल चंद्र राय ने बंगाल में 'बेंगाल फर्मास्युटिकल्स केमिकल्स लिमिटेड' की स्थापना कर विज्ञान के क्षेत्र में भारतीयों को प्रवीण करने के साथ ही स्वदेशी का नारा बुलंद किया, उसी प्रकार बाबू लक्ष्मीचंद ने भी गुजरात और बनारस दोनों स्थानों से पुस्तकमालाओं का प्रकाशन और उससे भी बढ़कर कला कौशल का स्कूल खोलकर भारतीयों को विज्ञान से परिचित कराने और भारतीयों को औद्योगिक क्षेत्र में प्रवीण कर भारतीय धन के निष्कासन पर विराम लगाने का महान कार्य किया। यद्यपि बाबू लक्ष्मीचंद का प्रयास आचार्य प्रफुल्ल चंद्र राय की तरह चिर स्थायी न हो सका और उनकी मृत्यु के बाद विज्ञान हुनरमाला ऑफिस बंद हो गया पर फिर भी उनके प्रयास आज भी प्रेरणादायी एवं स्तुत्य हैं और उन्हें रसायन शास्त्र के एक महान उन्नायक के रूप में हमेशा के लिए इतिहास के पन्नों पर अंकित कर दिया।

13. हिंदी वैज्ञानिक साहित्य के उन्नायक : बाबू श्यामसुंदरदास

हिंदी के वैज्ञानिक साहित्य के उन्नयकों में बाबू श्यामसुंदरदास का नाम प्रमुखता से लिया जाता है। भारतेंदु हरिश्चंद्र के बाद के हिंदी सेवियों–बाबू राधाकृष्णदास, जगन्नाथदास 'रत्नाकर', आचार्य महावीरप्रसाद द्विवेदी, आचार्य रामचंद्र शुक्ल, रायकृष्णदास और रामदास गौड़ की श्रृंखला में बाबू श्यामसुंदरदास का अपना विशिष्ट स्थान रहा है। बाबू श्यामसुंदरदास का महत्व यह कि उन्होंने भारतेंदु हरिश्चंद्र ने जो हिंदी आंदोलन आरंभ किया था उसे पूर्णता तक तो पहुँचाया ही साथ ही हिंदी भाषा में वैज्ञानिक साहित्य को उन्नत एवं परिपूर्ण करने का भी महत्वपूर्ण कार्य किया।

बाबू श्यामसुंदरदास का जन्म आषाढ़ शुक्ल 11 संवत् 1932 (14 जुलाई, 1875ई0) को काशी में हुआ था। उनका बचपन बड़े ही खुशहाली में बीता। जब वे क्वींस कालेज में इंटरमीडिएट के छात्र थे, तभीं पं0 रामनारायण मिश्र एवं बाबू शिवकुमार सिंह के साथ मिलकर 16 जुलाई, 1893ई0 को काशी नागरीप्रचारिणी सभा की स्थापना की और यह घटना इनके जीवन में युगान्तकारी सिद्ध हुई। जिस दिन सभा की स्थापना हुई उसी दिन ये सभा के मंत्री (सचिव) चुने गये और सभा के आरंभिक वर्षों का इतिहास एक प्रकार से बाबू श्यामसुंदरदास के कार्यों का इतिहास तो है ही, साथ ही ये आजीवन सभा के लिए कार्य करते रहे और सभा को अपनी पुत्री मानते थे और सभा का पानी तक नहीं पीते थे। सभा के प्रति इनका समर्पण इसी बात से स्पष्ट हो जाता है कि इनका जन्मदिन तो 14 जुलाई था पर ये अपना जन्मदिन सभा के जन्मदिन अर्थात् 16 जुलाई को ही मनाने लगे थे।

उन्नीसवीं शताब्दी आधुनिक वैज्ञानिक युग की पहली शताब्दी कही जाती है। 19वी सदी के उत्तरार्द्ध में जब संसार के अधिसंख्य देश अपनी भाषा में ज्ञान–विज्ञान में उन्नती कर अपनी सामाजिक, आर्थिक, राजनितिक एंव सांस्कृतिक अवस्था सुधार कर राष्ट्रीयता की भावना दृढ़ कर रहे थे, ऐसे समय में भारत की अवस्था अत्यन्त दयनीय थी। भारत की प्रमुख भाषा हिंदी की अवस्था तो और भी दयनीय थी। वह अपने अस्तित्व के लिए संघर्ष कर रही थी और हिंदी भाषा में विज्ञान विषयक पुस्तकों की बात सोचना शायद उस समय मूर्खतापूर्ण कार्य था। हिंदी की अवस्था का ज्ञान बाबू श्यामसुंदरदास लिखित 'मेरी आत्मकहानी' से ही हो जाता है जिसमें उन्होंने लिखा था कि "इस समय हिंदी की बड़ी बुरी अवस्था थी। वह जीवित थी यहीं बड़ी बात थी। राजा शिवप्रसाद के उद्योग तथा भारतेंदु जी के उसके लिए अपना सर्वस्व आहुति दे देने के कारण उसको जीवनदान मिला था। हिंदी का नाम लेना भी इस समय पाप समझा जाता था।" हिंदी में विज्ञान विषयक सामग्री का तो और भी अभाव था जैसार कि 30 सितंबर, 1894ई0 को कारमाइकेल लाइब्रेरी में नागरीप्रचारिणी सभा के पहले

वार्षिक अधिवेशन में सभापति के पद से भाषण देते हुए तत्कालीन हिंदी के प्रमुख विज्ञान लेखक पं0 लक्ष्मीशंकर मिश्र ने कहा था कि ''हिंदी भाषा में आवश्यक ग्रंथों का बहुत अभाव है इसमें साइंस के ग्रंथों का तो कहीं नाम भी नहीं है। सब से पहिले विलियम म्योर साहेब के समय में सन् 1874ई0 में हमने त्रिकोणमिति हिंदी भाषा में लिखी, इसके उपरांत स्थिति विद्या और गति विद्याा को हिंदी भाषा में छापकर प्रकाशित किया। खेद का विषय है कि फिर तब से किसी महाशय ने इस विषय का उद्योग न किया।''

ऐसी ही अवस्था में बाबू श्यामसुंदरदास ने सभा के माध्यम से अपना कार्य आरंभ किया और भारतवासियों में ज्ञान विज्ञान का लोकभाषा हिंदी के माध्यम से प्रसार करने का बीड़ा उठाया। उन्होंने सभा के पहले वार्षिक विवरण में यह बात प्रकाशित की कि ''केवल ज्ञान ही के द्वारा मनुष्य सर्वत्र खुशहाली और समृद्धि प्राप्त कर सकता हैं। प्राचीन काल में भारतवर्ष ने जो उन्नति की थी वह समान भाषा एंव अद्वितीय शिक्षा पद्धति के बल पर की और उसकी उपेक्षा के कारण ही वह इस अधोगति को प्राप्त हुआ हैं।'' श्यामसुंदरदास का यह अभिमत था कि सारी उन्नतियों का मूल विज्ञान की उन्नति हैं और देश का कल्याण तभी होगा जब भारतवासी वैज्ञानिक ज्ञान के प्रति आकर्षित होंगे।

नागरीप्रचारिणी सभा का उद्‌देश्य था कि आम जनता तक वैज्ञानिक ज्ञान का प्रचार जनता की भाषा में किया जाय। इस दिशा में कार्यारम्भ तब हुआ जब 4जून, 1894 ई0 की बैठक में यह प्रस्ताव स्वीकृत हुआ कि 'हिंदी भाषा एवं साहित्य के साथ ही मस्तिष्क–विज्ञान इत्यादि के ग्रंथ लिखवाये जांय।' प्रथम वर्ष से ही सभा के अधिवेशनों में महत्वपूर्ण लेख पढ़े जाते थे जिनके आयोजन से श्यामसुंदरदास का घनिष्ठ संबंध था। द्वितीय वर्ष में इस सभा में 10 महत्वपूर्ण लेख पढ़े गये–(1) पारसियों का संक्षिप्त इतिहास (2) दुमदार तारे (3) कालबोध (4) स्वतंत्र सम्मति (5) काशी मान मंदिर (6) मनुष्य का कर्तव्य (7) उद्योग (8) स्वास्थ्य रक्षा (9) कविवर बिहारी लाल और (10) राजा शिवप्रसाद की जीवनी। लेखों के विषय के अवलोकन से ही बात स्पष्ट हो जाती है कि न केवल भाषा एवं साहित्य वरन् अन्योन्य विषयों का ज्ञान देशवासियों को कराना सभा का लक्ष्य था।

विज्ञान के क्षेत्र में महत्वपूर्ण कार्य करते हुए सभा ने जून, 1896 ई0 से बाबू श्यामसुंदरदास के संपादन में त्रैमासिक 'नागरीप्रचारिणी पत्रिका' का प्रकाशन आरम्भ किया। वह हिंदी में प्रकाशित होने वाली हिंदी की पत्रिकाओं से सर्वथा विलग थी। उसमें साहित्य और संस्कृति के अलावा ज्ञान–विज्ञान की सारगर्भित सामग्री का भी प्रकाशन किया गया। इस संदर्भ में 11 मई, 1896ई0 की सभा की साधारण बैठक में सर्वसम्मति से जो निश्चय किया गया, विज्ञान के संबंध में ये बातें महत्वपूर्ण थी–''इस पत्र में इतिहास, साहित्य, भाषा–तत्व, भू–तत्व, पुरातत्व आदि विद्या–विषयक तथा सभा–संबंधी आवश्यक लेख रहा करेंगें।''

सभा का विज्ञान के सम्बन्ध में मत उसके तीसरे वार्षिक विवरण में, जो कि श्यामसुंदरदास द्वारा तैयार किया गय था, में इस प्रकार वर्णित है : ''हिंदी में भाषा—तत्व, भू—तत्व, विज्ञान, इतिहास आदि विद्या, विषयक लेखों और ग्रंथों का पूर्ण अभाव देख सभा ने 'नागरीप्रचारिणी पत्रिका' निकालना आरंभ किया है।''

इस प्रकार 1896 के जून मास में 'नागरीप्रचारिणी पत्रिका' का जन्म हुआ। प्रथम वर्ष में पत्रिका के चार अंक निकले, जिनमें प्रथम अंक की प्रस्तावना के अतिरिक्त आठ लेख प्रकाशित हुए जिसमें विज्ञान पर दो लेख थे : केतुतारों का संक्षिप्त वृतांत (बाबू गोपाल प्रसाद खत्री) और अद्भुत रश्मि (पं० लोकनाथ त्रिपाठी बी० ए० और बाबू कृष्णबलदेव वर्मा)

वैज्ञानिक ज्ञान को लोकभाषा हिंदी के माध्यम से प्रचार करने के प्रति बाबू श्यामसुंदरदास प्रारम्भ से ही कटिबद्ध थे। नागरीप्रचारिणी पत्रिका की प्रस्तावना में ही देशवासियों को वैज्ञानिक ज्ञान प्राप्त करने का परामर्श दिया कि ''कोई देश तब तक सभ्य कहलाने का गौरव नहीं प्राप्त कर सकता जब तक उसने यथोचित विद्या की उन्नति प्राप्त न कर ली हो और विद्या की उन्नति तब तक संभव नहीं है जब तक देश के कृतविद्य जनों का ध्यान आकर्षित न हुआ हो।'' पत्रिका के माध्यम से बाबू श्यामसुंदरदास ने भारतवासियों के बीच यह बात उपस्थित की कि शासक जाति की उन्नति, उनका गौरव और सभ्यतागत श्रेष्ठता का उनका दावा विज्ञान ही के कारण है। 'नागरीप्रचारिणी पत्रिका' के तीसरे ही भाग में यह प्रकाशित किया कि ''आजकल की सभ्य जाति का गौरव विज्ञान से ही है अर्थात् केवल विज्ञान की चर्चा और विज्ञान की उन्नति साधन ही इस समय का पूर्ण गौरव है।''

बाबू श्यामसुंदरदास के संपादकत्व में निकली नागरीप्रचारिणी पत्रिका के प्रथम अंक के अवलोकन से ही यह बात स्पष्ट हो जाती है कि आरंभ से ही पत्रिका का आदर्श बहुत ऊँचा था। पत्रिका का प्रथम लेख ही विज्ञान विषय पर था। इस लेख में केतुतारों के रूप, रंग, उनकी गति, आकार इत्यादि के साथ ही वे कब—कब दिखाई दिये थे और उनके दिखने के पश्चात क्या—क्या घटित होता है एवं इसका वैज्ञानिक कारण क्या है? साथ ही इस संदर्भ में जो लोकगाथा है, उसका भी खोजपूर्ण वर्णन किया गया।

पत्रिका के प्रथम अंक से ही बाबू श्यामसुंदरदास ने संसार में जो वैज्ञानिक उन्नति हो रही थी उसको जनभाषा के माध्यम से जन—जन तक पहुँचाने का उद्योग आरंभ किया। 'अद्भुत रश्मि' शीर्षक लेख में स्पष्ट लिखा कि ''यद्यपि योरप और अमेरिका के तत्ववेत्ता बहुत सी पदार्थ विज्ञान संबंधी बातें निकाल चुके हैं परंतु एक बड़ी ही आश्चर्यजनक परीक्षा वर्तमान काल में वर्जवर्ग के प्रख्यात विद्वान प्रो० रोन्टजेन ने की है। उक्त प्रोफेसर ने परीक्षा करते हुए एक भांति की किरणों का पता लगाया है जो अन्धकार में पाई जाती हैं और जो हमारी प्रकाश की साधारण किरणों के किसी प्रकार से सदृश नहीं है। प्रो० रोन्टजेन ने अपनी भाषा में इन किरणों का नाम X-Rays रखा है। इस लेख में एक्सरे का विस्तृत वर्णन किया

गया है। इसमें प्रकाश-वर्ण-विभेदक यंत्र, फोटोग्राफी, इलेक्ट्रिक बैटरी, परावर्तन आदि का भी विस्तार से वर्णन है। इसके अलावा इस किरण के लाभों को भी जनता को बताया गया है।

सन् 1900ई0 में सभा के अनुमोदन से 'सरस्वती' नाम की जो पत्रिका (हिंदी मासिक) का प्रकाशन पॉच संपादकों के मंडल द्वारा आरंभ हुआ, उसमें प्रधान संपादक बाबू श्यामसुंदरदास ही थे। इस पत्रिका में भी विज्ञान विषय को महत्व दिया गया और उद्देश्य ही इस प्रकार वर्णित था—"यह केवल इसी से अनुमान करना चाहिए कि इसका नाम सरस्वती है। इसमें गद्य, पद्य, काव्य, नाटक, उपन्यास, चम्पू, इतिहास, जीवन चरित, पश्च, हास्य, परिहास, कौतुक, पुरावृत्त, विज्ञान, शिल्प, कलाकौशल, आदि साहित्य के यावतीय विषयों का यथावकाश समावेश रहेगा और आगत ग्रन्थादिकों की यथोचित समालोचना की जायेगी।"

पत्रिका के प्रथम अंक में ही विज्ञान विषयक लेख 'आलोक चित्रण' अथवा 'फोटोग्राफी' प्रकाशित हुआ जिसके लेखक बाबू श्यामसुन्दरदास ही थे। यह लेख आलोक चित्रण पर हिंदी का सबसे पहला विस्तृत एवं अत्युत्तम लेख था। इस लेख में फोटोग्राफी के आविष्कार एवं उसके प्रचार-प्रसार का विवेचन तो किया ही गया है, साथ ही, इस नवीन आविष्कार ने विज्ञान में क्या नवीन क्रान्ति की है और इस पदार्थ से मानव जाति की क्या-क्या भलाई हो सकती है, इसका भी उल्लेख किया गया है। इसके महत्व को बतलाते हुए लिखा गया कि :"फोटोग्राफी शिल्प और विज्ञान ने भूमण्डल पर मानो दूसरे युग की अवतारण की है। इसे यदि वैज्ञानिक विद्वानों की अतीव गवेषणा द्वारा विज्ञान-सागर मथित सार-सामग्री वा सुधार कहें तो अत्युक्ति न होगी। इसकी सहायता से कोई अपने सम्बन्धियों की प्रतिमूर्ति को सदैव नेत्रगोचर कर सकते हैं। .... और यह फोटोग्राफी की ही महिमा है कि इसकी सहायता से हमलोग सभी पार्थिव पदार्थ के दुष्प्राप्य और अमूल्य प्रतिरूप को प्रत्यक्ष की भांति अवलोकन करते हैं। यदि इस अद्भुत विद्या का प्रादुर्भाव न होता तो आज दिन हम लोग घर बैठे विभिन्न स्थानों का यथार्थ अवलोकन नहीं कर पाते।'

सरस्वती पत्रिका ने विज्ञान को कितना महत्व दिया यह बात पत्रिका के प्रथम वर्ष के समस्त अंकों में प्रकाशित विज्ञान विषयक लेखों के अवलोकन से ही स्पष्ट हो जाता है। प्रथम वर्ष में पत्रिका में विज्ञान विषयक जो लेख प्रकाशित हुए वे इस प्रकार थे :

फोटोग्राफी	बाबू श्यामसुन्दर दास।
जन्तुओं की सृष्टि	बाबू श्यामसुन्दर दास।
कोहनूर	बाबू केशव प्रसाद सिंह।
रेल	बाबू दुर्गाप्रसाद।
चन्द्र लोक की यात्रा	बाबू दुर्गा प्रसाद।
मानवी शरीर	बाबू केशव प्रसाद सिंह।
भारतवर्ष की शिल्प विद्या	बाबू श्यामसुन्दरदास

....
श्रोतः सरस्वती पत्रिका, जनवरी से दिसम्बर, 1900ई0 तक।

सभा विज्ञान के क्षेत्र में कार्य करने के लिए कटिबद्ध थी। सभा ने विज्ञान संबन्धी विभिन्न विषयों के ग्रंथ निर्माण करने का विचार तो सं0 1951 में ही किया था किंतु प्रयत्न करने पर भी उसे इस कार्य में सफलता नहीं मिली। इसका मुख्य कारण विज्ञान के पारिभाषिक शब्दों का हिंदी में अभाव था। इस कमी को पूरा करने के लिए सभा ने एक वैज्ञानिक कोश बनाने का निर्णय लिया और संवत् 1955 (31 अक्टूबर, 1898) को एक उप–समिति इस कार्य के लिए बना दी गयी। इस समिति में सर्वश्री लक्ष्मीशंकर मिश्र, म0 म0 सुधाकर द्विवेदी, अभयचरण सान्याल, कार्तिकप्रसाद, रामनारायण मिश्र और श्यामसुन्दरदास सदस्य थे। इस समिति ने यह निश्चय किया कि आरंभ में भूगोल, गणित, ज्योतिष, अर्थशास्त्र, पदार्थ–विज्ञान, रसायन–शास्त्र तथा दर्शन के शब्दों का संग्रह वेवस्टर की डिक्शनरी से किया जाय। इस संग्रह के प्रस्तुत हो जाने और सातों विषयों के शब्दों की अलग–अलग सूची लिखकर तैयार हो जाने पर प्रत्येक शब्द के लिए हिंदी–शब्द चुनने का काम भिन्न–भिन्न व्यक्तियों को दिया गया और एक 'अस्थायी शब्दकोश' बनाया गया।

सभा ने कोश के सम्बन्ध में सम्मति एकत्र किया और उनपर विचार करने और कोश को दुहराने के लिए विद्वानों की सभा की। इस सभा में इस कोश के रचयिताओं, शिक्षा विभागों के प्रतिनिधियों और चुने हुए अन्य वैज्ञानिकों को निमंत्रित करने का विचार था। इस कार्य हेतु भिन्न–भिन्न विद्वानों से परामर्श करने और उसकी संमति एवं सहानुभूति प्राप्त करने के उद्देश्य से पं0 माधवराव सप्रे बम्बई तथा पूना एवं बाबू श्यामसुन्दरदास कलकत्ता भेजे गये। कलकत्ते में श्यामसुन्दरदास ने जगदीश चंद्र बोस, प्रफुल्लचंद्र राय और रामेंद्रसुन्दर त्रिवेदी से मिलकर परामर्श किया था। इस प्रकार सभा ने इस कार्य को विभिन्न उपसमितियों में वितरण कर पूरा किया और निश्चय किया गया कि प्रूफ के लिए विज्ञान के शब्द निम्न महाशयों के पास भेजे जायँ–बाबू भगवानदास, बाबू भगवतीसहाय, बाबू दुर्गाप्रसाद, पं0 गंगानाथ झा, लाला खुशीराम, प्रो0 रानाडे, पं0 सुधाकर द्विवेदी, बाबू ठाकुरप्रसाद, पं0 विनायक राव और बाबू श्यामसुन्दरदास।

यह कार्य इसी तरह किया गया और 30 जून, 1906 को जाकर यह 8 वर्षों के निरन्तर उद्योग और परिश्रम तथा अनेक विद्वानों के सहयोग से पूर्ण तथा संपन्न हुआ। इस हिंदी वैज्ञानिक कोश के संपादन का भार भी बाबू श्यामसुंदरदास को ही सौंपा गया और उसकी भूमिका भी उन्होंने ही लिखी। इस कोश के प्रकाशित होने पर देशभर के विद्वानों और सभा समाजों से नागरीप्रचारिणी सभा एवं बाबू श्यामसुंदरदास को बधाई पत्र प्राप्त हुए। यहां तक कि इंगलैण्ड के वैज्ञानिक पत्रों में भी इस कृति की सुन्दर समालोचना हुई। भारतीय भाषाओं

में वैज्ञानिक कोश होने का सर्वप्रथम सौभाग्य नागरीप्रचारिणी सभा के उद्योग से हिंदी को ही प्राप्त हुआ। इस कोश का एक संस्करण कन्नड़ में प्रकाशित हुआ, गुजराती और मराठी के कोशों में इसके शब्द संमिलित होने लगे और मद्रास की भाषाओं में जो विज्ञान विषयक ग्रंथ उस समय लिखे गये उनमें इसी कोश से सहायता ली गई। इस कोश को बनाने में यदि सबसे प्रमुख योगदान किसी व्यक्ति का था तो वे थे बाबू श्यामसुंदरदास।

हिंदी में वैज्ञानिक साहित्य के उन्नयन के लिए सभा द्वारा जितने भी कार्य किये गये, उन सबों में बाबू श्यामसुंदरदास का महत्वपूर्ण योगदान था। 1913ई0 से सभा ने मनोरंजन पुस्तकमाला नाम की जो 100 पुस्तकों की पुस्तकावली प्रकाशित करना आरम्भ किया, उसके संपादक बाबू श्यामसुंदरदास ही थे। इस पुस्तकमाला में विज्ञान विषय पर कई पुस्तकें प्रकाशित हुईं जिनमें नैतिक दर्शन, संसारिक उत्पत्ति, भौतिक विज्ञान, नक्षत्र शास्त्र, वैद्युतकी, इंजिनियरिंग इत्यादि विषयों पर पुस्तकें प्रमुख थीं।

जब बाबू श्यामसुंदरदास ने हिंदी में विज्ञान लेखन का कार्य आरंभ किया उस समय हिंदी साहित्य का वैज्ञानिक पक्ष अत्यन्त बलहीन था। नागरीप्रचारिणी सभा की स्थापना के साथ ही निज भाषा प्रेमी एवं देशभक्त हिंदी लेखों ने वैज्ञानिक साहित्य के लेखन का कार्य आरम्भ किया और इस प्रकार प्रथम बार संस्थागत रूप में हिंदी के वैज्ञानिक साहित्य के प्रचार का आंदोलन आरंभ हुआ जिसका बहुत कुछ श्रेय बाबू श्यामसुंदरदास को जाता है। इस आंदोलन की प्रथम पंक्ति में हिंदी साहित्यकारों ने विज्ञान विषयों पर गम्भीरतापूर्ण लेख लिखे और उसे जन–जन तक पहुँचाने का कार्य किया। बाबू श्यामसुंदरदास ने भारत में विज्ञान के प्रचार का जो आंदोलन आरम्भ किया उसमें अनेक आंदोलनकारियों ने सम्मिलित होकर इस आंदोलन को चरम पर पहुँचा दिया और स्वतंत्रता प्राप्ति के समय तक हिंदी में विज्ञान का इतना साहित्य तैयार हो चुका था कि यदि प्रयास किया गया होता तो प्राथमिक और माध्यमिक तो क्या विज्ञान की उच्च शिक्षा भी हिंदी भाषा में दी जा सकती थी।

लेखक–परिचय

डॉ0 राकेश कुमार दूबे

जन्म : 15 अक्टूबर, 1982ई0, नेहियां, वाराणसी।

शिक्षा : एम0 ए0, यू0जी0 सी0–नेट, पीएच0 डी0–काशी हिंदू विश्वविद्यालय, वाराणसी (2011ई0)

अध्यापन : 2014–2015ई0 सहायक प्राध्यापक, एस0 एस0 एस0 कालेज ओसियां, जोधपुर,
2015–2018 तक डॉ0 एस0 राधाकृष्णन् पोस्ट डॉक्टोरल फेलो, UGC
2018–2020 तक पोस्ट डॉक्टोरल फेलो, ICSSR

निवास : मकान नं0 168, नेहियां, वाराणसी–221202, उत्तर प्रदेश, भारत

संपर्क सूत्र : 91–7355682455 (वाट्अप)

ई–मेल : rkdhistory@gmail.com

पुरस्कार / सम्मान :

1. व्हिटेकर विज्ञान पुरस्कार (2012), विज्ञान परिषद प्रयाग, इलाहाबाद;
2. अंतर्राष्ट्रीय हिंदी निबंध प्रतियोगिता पुरस्कार (2015ई0), विश्व हिंदी सचिवालय, मारीशस।

प्रकाशन : डॉ0 राकेश कुमार दूबे के 80 से अधिक शोधपत्र / आलेख राष्ट्रीय और अंतर्राष्ट्रीय पत्र–पत्रिकाओं में प्रकाशित हैं। भारत की पत्रिकाओं–नागरीप्रचारिणी पत्रिका, नागरी, सम्मेलन पत्रिका, भगीरथ, जल चेतना, पर्यावरण संजीवनी, हिंदुस्तानी, दक्षिण भारत, केदार–मानस, विकल्प, साहित्य भारती, इतिहास–दिवाकर, इतिहास–दर्पण, गवेषणा, गगनांचल, विज्ञान, विज्ञान आपके लिए, विज्ञानगंगा, वैज्ञानिक दृष्टिकोण, विज्ञान प्रगति एवं ड्रीम 2047 में शोधपत्र / आलेख प्रकाशित हैं। भारत से बाहर की पत्र–पत्रिकाओं – विश्व हिंदी पत्रिका (मारीशस), विश्व हिंदी समाचार (मारीशस), विश्वा (अमेरिका), सेतु (अमेरिका), शांतिदूत (फीजी) के अलावा वसुधा, साहित्य कुंज और पुस्तक भारती रिसर्च जर्नल (तीनों कनाडा) में भी शोधपत्र / आलेख प्रकाशित हैं।

www.ingramcontent.com/pod-product-compliance
Lightning Source LLC
Chambersburg PA
CBHW081354080526
44588CB00016B/2493
9781897416341